CW01642588

70 JEUX et des brouettes...

POUR AIDER NICOLAS À SURMONTER SES CRISES

Bernard Myers

Illustrations de Schvartz

FLEURUS

editionsfleurus.com

Sommaire

Certifié conforme
solution
p.98
aux valeurs présidentielles

Crise de parole

Pour découvrir ce que dit Nicolas,
il faut reconstituer la bulle…

Certifié conforme
solution p.98
aux valeurs présidentielles

Crise de vocabulaire

Quel mot peut-on écrire verticalement dans la grille pour former dix mots horizontaux ?

Il y a deux solutions : l'une donne plus de hauteur à Nicolas que l'autre..

D	O		E	R
N	I		I	S
D	E		I	E
R	A		U	T
F	O		D	U
R	O		C	E
L	U		U	R
H	E		R	E
T	O		E	M
P	I		G	E

Certifié conforme • solution p.99 • aux valeurs présidentielles

Crise de liquidités

Pour remplir les caisses de l'État, Nicolas doit y verser tous ces sacs d'euros, mais la planchette qui l'y mène ne peut soutenir plus d'un certain poids sans se briser. Nicolas veut porter 73 kilos en deux sacs à chaque passage, mais ceci est impossible avec l'un des sacs : **lequel ?**

Certifié conforme • solution p.99 • aux valeurs présidentielles

Crise de jalousie

Le nouveau Président des États-Unis fait de l'ombre à Nicolas, ce qui le rend terriblement jaloux.
C'est bien simple, le nom du Président américain envahit les paroles de Nicolas.

Dans la première phrase, les syllabes **BAR** et **ACK** envahissent le texte. Dans la seconde, c'est **OBA** et **MA** qui apparaissent à tout bout de champ. Dans la dernière, ce sont des **HUS** et des **SEIN** qui troublent la lisibilité du propos.
Éliminez ces syllabes parasites et retrouvez la pureté du langage de Nicolas. Attention ! Il ne faut éliminer que celles qui sont en trop.

« LABARBARAQUEACKABARBARACKACKEST-
BARPLUSACKBLANCHEBARQUEACKLABAR-
MIENNEACK. »

« OBALEMABUREAUAOBAOBAMAMAESTOBA-
PLUSMAOVOBAALEMAQUEOBALEMAMIEN. »

« HUSSESSEINSONDAGESHUSSONTSEINMEHU-
SILLESEINURSQUEHUSLESMIENSSEIN. »

Certifié conforme solution p.99 aux valeurs présidentielles

Crise de rire

Barrez les « Ha » et les « Ha-ha » pour retrouver la phrase d'origine.

OHANATOHAUJOHAURSBEHAHASOINDHAU-
NPLHAUSPETHAITNICHAOHALASHAQUHAE-
SOHAIHAHAHA.

Certifié conforme
solution
p.100
aux valeurs présidentielles

Crise de Folie

Lors d'une visite dans un hôpital psychiatrique, Nicolas a rencontré deux fous qui se prenaient pour lui, et, comme ils lui ressemblaient beaucoup, on n'arrivait plus à distinguer le vrai du faux. Heureusement, les fous avaient la particularité de mentir systématiquement, alors que Nicolas, bien entendu, ne dit toujours que la vérité. À la question « Qui est Nicolas ? » tous trois ont répondu « C'est moi ! ». La question suivante, cependant, a permis d'identifier le vrai Nicolas :
« La personne à votre droite est-il un patient de cet asile ? »

Qui est le vrai Nicolas ?

Certifié conforme aux valeurs présidentielles
solution p.100

Crise d'agenda

Le secrétaire général de l'Élysée doit organiser une réunion avec Nicolas et deux de ses ministres, mais ils ont tous des emplois du temps très chargés.

Nicolas :
« Pas aujourd'hui, pas demain - je dois négocier ferme avec Gueule d'enterrement - ni le jour d'après, jamais le samedi et on ne va quand même pas faire ça un dimanche ! Le 6, je suis à Pékin, le 7 à Helsinki et vendredi en huit je passe la journée avec le Clown. Jamais entre 8h00 et 10h00 et de toute façon pas l'après-midi, sauf le mercredi, après le Conseil. Ou, à la rigueur, entre 17h30 et 19h00. Sinon, ça tombe bien, en ce moment c'est super light ; d'habitude, à cette période, je suis plutôt surbooké. »

La ministre des Circonstances :
« Ah, mon pauvre ami, pour ce rendez-vous, j'annule, j'annule tout ce que vous voudrez. Mais vendredi prochain, malgré tout, ce ne sera pas possible, il y a une délégation de 318 personnes qui me tombe dessus et puis trois jours plus tard c'est le nonce du Pape qui compte sur moi, alors annuler, annuler… Je ne peux quand même pas faire poireauter le Bon

Dieu… De toute manière, les après-midi, je me débrouille. Le matin, je ne préfère pas entre 11 heures et midi trente, et le soir autant que possible, j'évite les engagements après 20h00. Vous voyez, cher ami, je fais tout mon possible pour être arrangeante. »

Le ministre des Conséquences :
« Si le Président me dit de venir, je viens, mais autant vous prévenir, si c'est mardi prochain, la CGT pensera que c'est une dérobade ; d'ici à ce qu'on ait une grève des transports… Et le mardi suivant, ce sont les enseignants qui feront grise mine. En revanche, si vous pouviez m'organiser ça pour le jour d'avant, ça m'ôterait une sacrée épine du pied : je dois aller faire le mariole dans un congrès pour la « prévention des accidents du troisième âge », la joie, quoi… Quant aux heures, c'est simple : sauf exception, je suis libre tous les matins entre 8h00 et 10h00 et l'après-midi entre 18h00 et 21h00. »

Le secrétaire général de l'Éysée ne veut froisser personne, mais il faut quand même que cette réunion se tienne : **à sa place, quel jour et quelle heure proposeriez-vous ?**
Au fait, aujourd'hui, jour où ces propos ont été tenus, nous sommes le mardi 29 mars et le Président souhaiterait que cette réunion ait lieu au plus vite !

Certifié conforme
solution
p.101
aux valeurs présidentielles

Crise diplomatique

Négociateur de choc, Nicolas ne ménage pas ses peines.

Quel trajet doit-il prendre pour arriver à un accord international ?

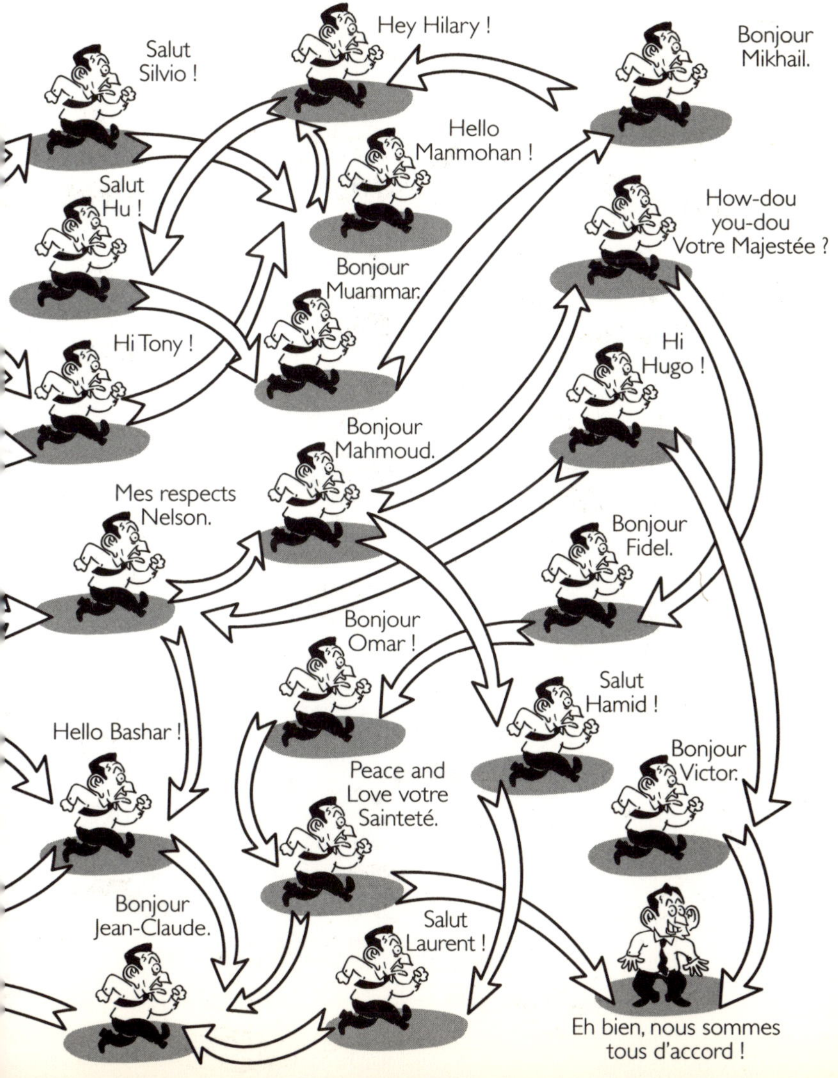

Certifié conforme
solution p.102
aux valeurs présidentielles

Crise d'offenses

Nicolas n'apprécie pas les paroles inconsidérées. Le crime de lèse nicolaïtude se paye désormais en espèces sonnantes et trébuchantes, procès à l'appui.

Cependant, le barème n'est pas fonction de la violence de l'insulte, mais des lettres qui la composent.

Mettez cet étrange système à jour pour décider du montant de l'amende du dernier intervenant.

DÉCHET ! AMENDE 24 €

INCAPABLE ! AMENDE 81 €

DANSEUR MONDAIN ! AMENDE 56 €

CORNICHON ! AMENDE 27 €

ZONARD ! AMENDE 156 €

CHIRAC BIS ! AMENDE ------ €

Crise bancaire

Certifié conforme aux valeurs présidentielles — solution p.102

Quel est le nombre minimum de filets qu'il faut installer pour sauver toutes les banques ?

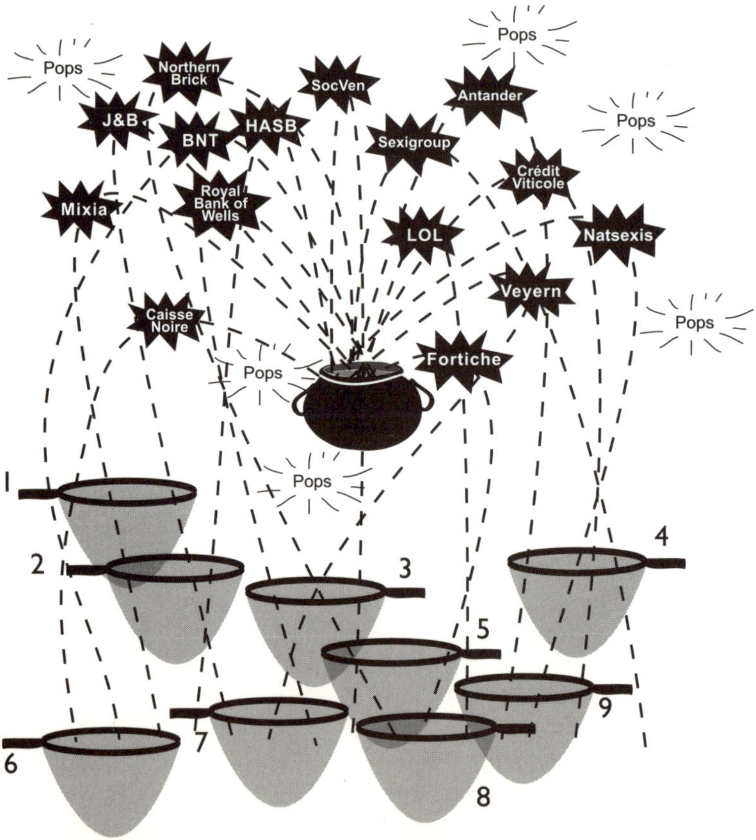

Certifié conforme • solution p.102 • aux valeurs présidentielles

Crise boursière

La bourse et la crise, qu'est-ce que ça donne ?
Des maux et des mots.
Avec les lettres, et par anagramme, **trouvez cinq nouveaux mots.**

BOURSE + C =

....

BOURSE + R =

....

BOURSE + I =

....

BOURSE + S =

....

BOURSE + E =

....

Certifié conforme • solution p.102 • aux valeurs présidentielles

Crise de taille

Pour être à la hauteur de ses collègues, Nicolas a besoin de s'élever de 26 centimètres.

Quels dictionnaires, sous ses pieds, feront exactement l'affaire ?

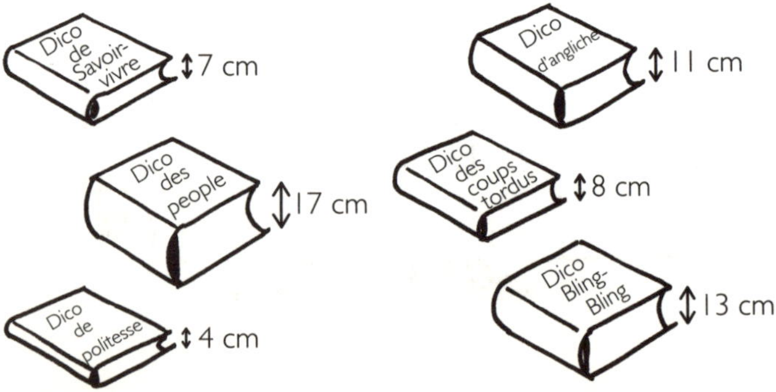

Certifié conforme
solution p.103
aux valeurs présidentielles

Crise de citation

Retrouvez une citation de Nicolas Sarkozy dans la grille. Passez d'une lettre à une autre si elles figurent dans des cases contiguës (pas de diagonales). Toutes les lettres sont utilisées une fois.

→	L	A	C	L	E	F	R	A
S	E	C	R	A	R	A	C	N
T	L	M	I	S	O	I	S	E
C	A	O	N	E	M	R	O	P
R	E	D	N	U	E	T	I	L
I	S	U	T	R	A	V	A	●

Certifié conforme solution p.103 aux valeurs présidentielles

Crise de sondages

Un conseiller a repéré les éléments qui agissaient sur la cote de Nicolas dans les sondages.

Il a isolé 3 éléments qui le font monter :
A+ l'activité diplomatique,
B+ les discours démagogiques
C+ les actions d'éclat.

Et 3 éléments qui le font baisser :
A- le phénomène « bling-bling »,
B- les grosses bourdes,
C- l'inflation.

Chaque élément le fait toujours monter ou descendre du même nombre de points. Sans aucun de ces éléments, la cote de Nicolas est à 50.
Trouvez sa cote au dernier sondage.

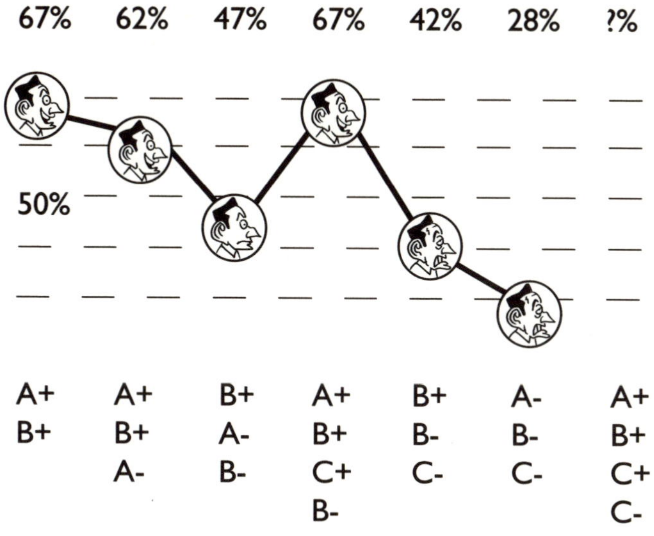
67%
62%
47%
67%
42%
28%
?%
50%
A+
B+
A+
B+
A-
B+
A-
B-
A+
B+
C+
B-
B+
B-
C-
A-
B-
C-
A+
B+
C+
C-

Certifié conforme aux valeurs présidentielles

solution p.104

Crise codée

Une citation de Nicolas a été codée en remplaçant chaque fois une lettre par une autre. Dans ce code, Nicolas s'écrit EWQTSVB.

Décodez !

"NU KDURUDU DWBFCUD

UE TBVEO, FCU

DULDUOOUD PU EU KVB

VMTWD BC BVWBWD

S' TQQVBWTE FCW BU

KDUBUEOVWO."

Certifié conforme solution p.104 aux valeurs présidentielles

Crise des Phynances

Le Grand Phynancier, le Petit Phynancier et le Phynancier Moyen ne sont pas du même avis et Nicolas pense différemment, lui aussi. **Attribuez à chacun son opinion pour relancer la Pompe à Phynances**, sachant que :
Celui qui veut économiser plus est plus à l'arrière que celui qui veut emprunter plus.
Celui qui veut travailler plus n'est ni juste devant, ni juste derrière celui qui veut dépenser plus.
Le Petit Phynancier n'est ni celui qui veut emprunter plus, ni celui qui veut dépenser plus. Les bulles sont dans le désordre, bien sûr…

Certifié conforme
solution p.104
aux valeurs présidentielles

Crise people

1. Qui est l'actuelle épouse de Nicolas ?

A. Jacky Kennedy
B. Arlette Chabot
C. Carla Bruni

2. Qui était l'ex-mari de l'ex-femme de Nicolas ?

A. Patrick Poivre d'Arvor
B. Jacques Martin
C. Paul-Loup Sulitzer

3. Quel est l'ami de Nicolas qui a vu sa villa corse occupée par des nationalistes ?

A. Bernard Tapie
B. Christian Clavier
C. Johnny Hallyday

4. Qui a chanté, place de la Concorde pour célébrer l'élection de Nicolas ?

A. Céline Dion
B. Nana Mouskouri
C. Mireille Mathieu

5. Qui a présenté Nicolas à celle qui allait devenir sa troisième femme ?

A. Karl Lagerfeld
B. Jacques Séguéla
C. Pierre Bergé

6. Quelle personnalité du sport Nicolas a-t-il nommé ministre ?

A. Raymond Domenech
B. Bernard Laporte
C. Michel Platini

7. **Quel rappeur a apporté son soutien à Nicolas quand il faisait campagne pour devenir Président ?**

A. Doc Gynéco
B. Akhenaton
C. Joey Starr

8. Quelle personnalité du show-business Nicolas a-t-il emmené avec lui lors de sa visite au Pape ?

A. Sébastien Cauet
B. Laurent Gerra
C. Jean-Marie Bigard

9. Qui a prêté son yacht à Nicolas pour qu'il se repose après son élection ?

A. Bernard Arnault
B. Vincent Bolloré
C. Serge Dassault

10. Nicolas l'a décoré de la Légion d'honneur :

A. Brad Pitt
B. Johnny Depp
C. Tom Cruise

Certifié conforme aux valeurs présidentielles
solution p.104

Crise de remaniement

Nicolas vous demande un coup de main pour former son équipe gouvernementale.

« Vous êtes absolument libre de votre choix, mais faites en sorte que ce soit une équipe restreinte de 10 ministres, avec au moins 4 femmes. Pour tenir compte des forces politiques, il devra y avoir au moins 5 UMP, mais un seul du Nouveau Centre, un débauché du Modem, pas plus, un seul de la société civile… Ah, et, bien entendu, un unique Socialiste aussi.
À part ça, il faut tenir compte de la provenance géographique des élus ; mettons au moins un de chaque grande région : Nord, Sud, Est, Ouest et Centre.
Quoi d'autre ? Oui, des jeunes. Au moins deux de moins de 35 ans et j'allais oublier, des minorités ! Il me faut au moins deux ministres venant d'une minorité. Mais ceci mis à part, choisissez exactement qui vous voulez, enfin, parmi les candidats que je vous propose… »

Pour procéder efficacement, nous vous conseillons de commencer par les régions, puis de nommer les femmes.

Duchemin
Fernand
Sexe masculin
32 ans
Élu UMP
de l'Ouest

De Sardagne
Edwina
Sexe féminin
64 ans
Élue Modem
du Sud

N'Go
Bha
Sexe masculin
54 ans
Élu UMP de l'Est
Minorité

Allibert
Christine
Sexe féminin
57 ans
Société civile

Montigny
Hervé
Sexe masculin
47 ans
Élu Modem
du Centre

Braie
Michel
Sexe masculin
34 ans
Élu Nouveau
Centre de
l'Ouest

Bouquetin
Xavier
Sexe masculin
79 ans
Élu UMP du Sud

Nassi
Rachid
Sexe masculin
29 ans
Société civile
Minorité

Le Floch
Maryse
Sexe féminin
37 ans
Élue Nouveau
Centre du Nord

Doubleface
Éric
Sexe masculin
51 ans
Élu Socialiste
de l'Ouest

De Lafontaine
Marie-Chantal
Sexe féminin
39 ans
Élue UMP
du Nord

Szocowiaz
Bilko
Sexe masculin
42 ans
Élu UMP de l'Est
Minorité

Bashguet
Christelle
Sexe féminin
45 ans
Élue UMP
du Nord

Toussaint
Laurent
Sexe masculin
31 ans
Élu Socialiste
de l'Est

Charter
Brice
Sexe masculin
37 ans
Élu UMP
de l'Ouest

Certifié conforme
solution p.105
aux valeurs présidentielles

Crise de candidats

Voici (en vrac) Hector, Christian, César, Roger, Cédric, Renaud, Damien et Casimir.

Trouvez le nom de chacun, sachant que tous ceux qui portent un chapeau ont un prénom qui commence par C, que ceux qui ont une moustache ont un prénom comportant un E en deuxième lettre et, enfin, que tous ceux qui portent des lunettes ont un prénom qui se termine par R.

1
2
3
4
5
6
7
8

Certifié conforme
solution
p.105
aux valeurs présidentielles

Crise au Féminin

Le problème de Nicolas… c'est qu'elles l'aiment trop ! Une seule apparaît plus d'une fois. **Laquelle ?**

Anita
Marina
Eva
Ursula
Sophia
Aurélia
Johanna
Gabriella
Bianca
Wanda
Agatha
Déborah
Amanda
Sandra
Pamela
Flora
Carla
Cécilia
Rosa
Martha
Anna
Maria
Ilda
Nina
Barbara
Rita
Alexandra
Viola
Sarah
Patricia
Angela
Julia
Léa
Adriana
Louisa
Rama
Lisa
Nadia
Elvira
Tatiana
Lucrezia
Olivia
Rachida
Fadela
Ida
Virginia
Gina
Cora
Philippa
Rebecca
Emma
Olga
Monica
Laura
Daniéla
Zita
Sylvia
Valéria
Isadora
Patricia
Véra
Mirella
Annabella
Vanessa
Lydia
Sabrina
Héléna
Aicha

Certifié conforme
solution p.106
aux valeurs présidentielles

Crise d'activité

Les mots de cette citation de Jean-Louis Borloo ont été écrits à l'envers, mais ils se suivent normalement de gauche à droite.
Déchiffrez !

YZOKRASTSECELLUESIUQAETEEGILBOEDRES-
SAPRAPEESYLELRUOPRINEVEDREIMERPERT-
SINIM

Certifié conforme
solution p.106
aux valeurs présidentielles

Crise d'identité

En recopiant son dessin, l'illustrateur a commis sept erreurs : **lesquelles ?**

Certifié conforme
solution
p. 106
aux valeurs présidentielles

Crise de marguerite

Trouvez, en effeuillant la marguerite, le titre d'un film cher à Nicolas.

En partant du pétale sombre, lisez les lettres en sautant toujours par-dessus le même nombre de pétales (dans le sens des aiguilles d'une montre). Attention, chaque fois que vous prenez une lettre, c'est comme si le pétale était retiré : il faut le barrer et ne plus le compter dans les tours suivants. Continuez ainsi jusqu'au dernier pétale.

Certifié conforme
solution
p.107
aux valeurs présidentielles

Crise de collection

Nicolas collectionne les stylos. En tenant compte des indications et des lots, **trouvez le nombre de stylos qui se trouvent dans chaque trousse.**

Les lots :

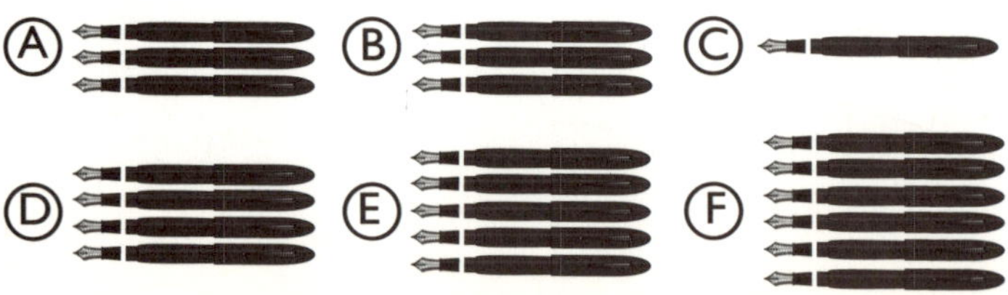

Certifié conforme • solution p.107 • aux valeurs présidentielles

Crise du nerf de la guerre

Trouvez ce qu'on peut faire avec l'argent… ou plutôt avec certaines lettres du mot.

Certifié conforme solution p.107 aux valeurs présidentielles

Crise du logement

Nicolas souhaite exprimer sa sollicitude à Fred, mais il ne sait plus dans quelle tente il se trouve.

Aidez-le grâce aux informations suivantes :

La tente de Gégé est celle qui a une tente de plus derrière elle que devant.

Il y a deux tentes entre celle de Max et celle de Gégé et quatre tentes entre celle de Max et celle de Boubou.

Fred est aussi loin de Gégé que de Boubou, mais à côté ni de l'un ni de l'autre.

1
2
3
4
5
6
7
8
9
10
11
12
13
14
15
16

Certifié conforme aux valeurs présidentielles – solution p.108

Crise de ministres

Pour empêcher les uns et les autres de ronronner à leur poste, Nicolas a décidé de donner un grand coup de pied dans la fourmilière et d'attribuer les portefeuilles ministériels d'une façon originale. On nommera au ministère quelqu'un dont le nom comporte au moins trois consonnes (distinctes) présentes dans le nom du ministère (seuls les noms en gras sont à prendre en compte).
Qui occupera quel ministère ?

- **Garde des Sceaux**
- Ministre de l'**Immigration**
- Ministre de la **Culture**
- Ministre de la **Recherche**
- Ministre de la **Santé**
- Ministre de l'**Agriculture**
- Ministre de l'**Économie (et des) Finances**
- Ministre de l'**Éducation nationale**
- Ministre de l'**Intérieur**
- Ministre des **Affaires étrangères**
- Ministre des **Sports**
- Ministre du **Logement**

- **Alliot-Marie**, Michèle
- **Bachelot**, Roselyne
- **Bertrand**, Xavier
- **Darcos**, Xavier
- **Hortefeux**, Brice
- **Kouchner**, Bernard
- **Lagarde**, Christine
- **Morin**, Hervé
- **Kosciusko-Morizet**, Nathalie
- **Pécresse**, Valérie
- **Santini**, André
- **Karoutchi**, Roger

Certifié conforme • solution p.108 • aux valeurs présidentielles

Crise d'âge

Quand Mitterrand a été élu pour la première fois, Nicolas avait la moitié de l'âge qu'il avait lors de sa propre élection.
Quand, sept ans plus tard, Mitterrand a été élu pour la seconde fois, Nicolas avait onze fois l'âge qu'il avait lors de la première élection de De Gaulle.
L'année avant son élection, Nicolas avait dix-sept fois l'âge qu'il avait lors de l'élection de De Gaulle.
Même si vous ne vous souvenez d'aucune date, vous en savez assez pour déterminer l'âge qu'avait Nicolas lors de son élection à la présidence.

Certifié conforme
solution p.109
aux valeurs présidentielles

Crise des ventes

Nicolas a toujours souhaité découvrir par où l'on devait cheminer pour atteindre la prospère ville de *Réussite Financière.*
Pour l'assister dans cette quête, voici la Carte du Vendre dessinée et commentée par les meilleurs cartographes.

Sachez donc qu'il faut commencer par la ville au bas de cette carte qui a pour nom *Nouvelle-Initiative* et que seul le trajet ici décrit vous épargnera les infortunes de la banqueroute et du déshonneur.

Sans jamais passer deux fois par le même chemin, en partant de *Nouvelle-Initiative* il vous faut passer tout d'abord par un lieu que l'on appelle *Recherche d'Actionnaires* et poursuivre ensuite jusqu'à *Grand Investissement*, mais les chemins sont multiples et il faut savoir que l'on doit emprunter ceux qui vous feront éviter à la fois les Monts de *l'Escroquerie*, la *Vallée des Taux Prohibitifs* et les *Marais du Surendettement.* Ensuite, pour faire un plus grand progrès dans cette route, vous ferez en sorte de passer successivement par les bourgs de *Comptabilité Rigoureuse, Qualité du Produit* et *Commercialisation Innovante* (entre ces localités, vous prendrez garde de ne traverser aucun autre village, même ceux aux noms charmeurs tels que *Taux Alléchants* ou *Maxiprofit*).

Après cela, il faut faire diligence jusqu'à votre destination, la bien nommée *Réussite Financière.*

La Carte du Vendre

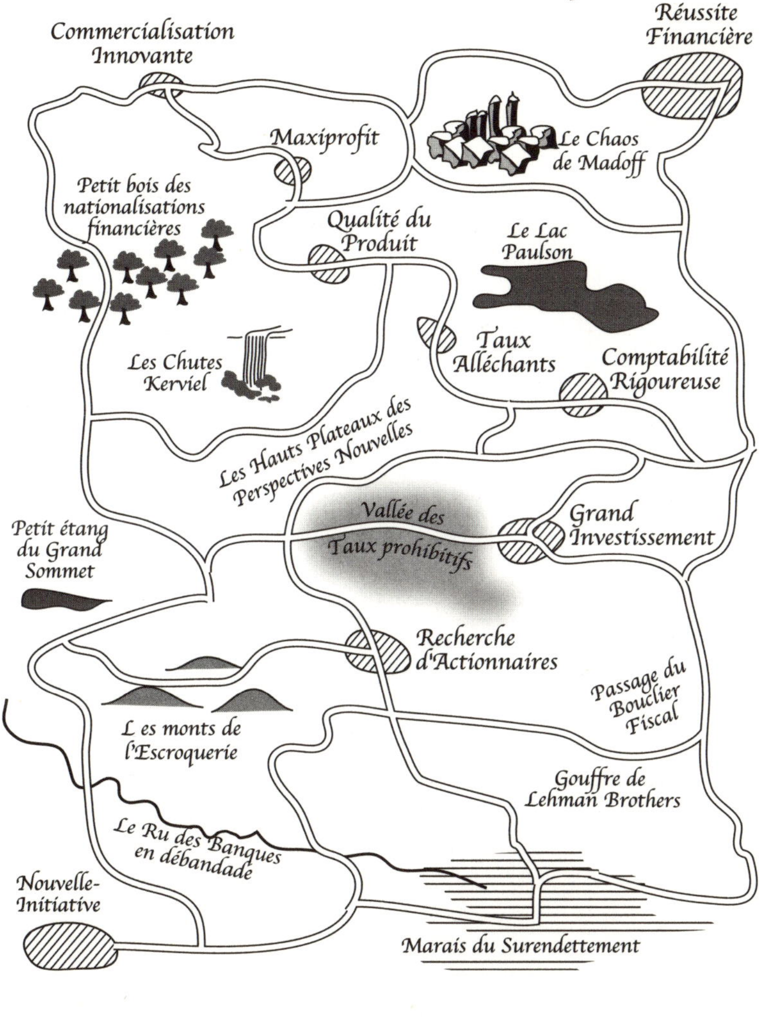

Certifié conforme
solution
p.110
aux valeurs présidentielles

Crise d'affichage

La guerre des affiches fait rage : la 11e affiche collée sur ce mur **était-elle pour Nico ou pour Ségo ?**

Certifié conforme aux valeurs présidentielles
solution p.110

Crise de sens

Les mots contiennent parfois d'autres mots. Nicolas, par exemple, contient les mots **col, las,** et **as.** Si ces mots à l'intérieur des autres sont remplacés par un synonyme ou un mot avec une signification proche, le mot d'origine s'en trouve transformé. Ainsi, Nicolas peut devenir Nipassageas, ou Nicovanné ou encore Nicolcrak. Plusieurs mots du discours suivant ont été traités ainsi.

Retrouvez le texte d'origine !

Les mi**couche**ants parle**triche**aires socia**séries** vont v**retirer** une **terme**ion de cen**dessus**e à l'As**parue** Nat**particule**ale, car ils con**épreuve**ent la poli**parasite** ét**grade**ère du gou**lombric**nement et réc**épée**nt plus de co**lyrique**tion ainsi que le re**marotte**ment du pro**lancer**.

Certifié conforme
solution
p.111
aux valeurs présidentielles

Crise d'expression

Il aurait pu dire…

… mais en fait, **qu'a-t-il dit ?**

Certifié conforme solution p.111 aux valeurs présidentielles

Crise de Fric

Barrez dans la grille les mots d'argent donnés ci-dessous. À la fin, les lettres non barrées formeront dans l'ordre un dernier synonyme des plus démodés.

ARGENT
BLÉ
BRIQUE
CASH
CRÉANCE
DÎME
CENT
ESPÈCES
EUROS
FLOUZE
FRAICHE
FRIC
KOPECK
LINGOT
MAILLE
MONNAIE
OSEILLE
PÉPETTES
PÈZE
POGNON
RONDS
SAC
SOUS
THUNE

M	K	C	E	P	O	K	E	S	E
A	F	E	Z	U	O	L	F	E	U
I	R	G	E	E	L	F	B	T	R
L	I	G	P	I	R	R	L	T	O
L	C	R	E	A	N	C	E	E	S
E	I	S	I	N	S	A	C	P	E
T	O	C	H	N	T	U	R	E	U
N	H	S	N	O	N	G	O	P	Q
E	A	U	E	M	I	D	N	S	I
C	L	I	N	G	O	T	D	S	R
B	E	S	P	E	C	E	S	I	B

Certifié conforme
solution p.112
aux valeurs présidentielles

Crise de la dette

J'ai besoin d'une certaine somme…
Si j'empruntais 3/5 de cette somme à Nicolas,
3/13 de cette somme à François,
3/29 de la somme à Christine,
et les 124 euros restants à Éric…

J'aurais assez d'argent pour payer une seconde de l'augmentation de la dette de la France.

C'est-à-dire…

Certifié conforme aux valeurs présidentielles
solution en p.112

Crise de crise

Une crise peut en cacher une autre. Voire plusieurs autres. **Lesquelles ?**

Certifié conforme aux valeurs présidentielles
solution p.113

Crise de Nicolas

Notre Président s'inscrit dans une longue lignée de Nicolas célèbres :
combien en connaissez-vous ?

1. Ce Nicolas a demandé à l'autre Nicolas de signer son pacte : Nicolas ....

2. Il a roulé à *Tombeau ouvert* après avoir fait *Volte face* : Nicolas ....

3. Du PSG à Chelsea, voilà un Nicolas qui ne laisse pas indifférent : Nicolas ....

4. Avec son *Prince*, il a jeté un regard novateur sur la politique : Nicolas ....

5. Un Nicolas avec deux papas, Goscinny et Sempé : .... Nicolas

6. Le dernier des Romanov : Nicolas ....

7. Inviter Louis XIV à Vaux-le-Vicomte le mènera à sa perte : Nicolas ....

8. Il a remporté le point décisif qui a donné la Coupe Davis à la France en 2001 : Nicolas ....

9. Du *Lutrin* à *L'Art Poétique*, il s'est toujours efforcé d'énoncer clairement : Nicolas ....

10. Né en Russie, c'est à l'école de Paris qu'il peint ses plus belles toiles issues de l'abstraction : Nicolas ....

11. Cherchait-il surtout la transmutation des métaux ou la pierre philosophale ? : Nicolas ....

12. Il préféra peindre à Rome des toiles d'une facture classique plutôt que de rejoindre la cour de Louis XIV : Nicolas ....

13. Du *Révizor* aux *Âmes mortes*, il passe du réalisme au fantastique : Nicolas ....

14. Commissaire sous Louis XV selon son créateur, ce personnage de roman vient de passer à la télévision : Nicolas ....

15. Le saint national suisse qui inspira Arthur Honegger : Nicolas ....

Certifié conforme
solution p.114
aux valeurs présidentielles

Crise de jogging

Pour des raisons de sécurité, Nicolas fait toujours son jogging accompagné de trois sosies.

Identifiez le vrai Nicolas à l'aide des affirmations suivantes :

- Si le second double celui qui est devant lui, Nicolas ne sera pas second.
- Si Nicolas double celui devant lui, il ne sera pas troisième.
- Si Nicolas est doublé par celui qui est derrière lui, il ne sera pas dernier.

Certifié conforme aux valeurs présidentielles
solution p.114

Crise de noms

Les prénoms des membres de chaque commission sont bien donnés, mais malheureusement dans le désordre. **Retrouvez le nom de chacun.**

Commission des jeux

Hervé
Roger
Bernard
André

Commission de la logique

François
Hervé
Michel
Bernard

Commission des menus plaisirs

Michel
Hervé
Patrick
Roger

Certifié conforme aux valeurs présidentielles
solution p.1114

Crise de manif

Même s'il doit jouer tous les rôles, Nicolas sait mener son monde. **De « Nicolas, des sous ! » arrivez à « Nicolas Président formidable ».** Passez d'une pancarte à une autre – si éloignées soient-elles – du moment qu'elles n'ont qu'un mot de différence.

Nicolas
DES SOUS !
Nicolas
t'es super !
C'est moi
le meilleur !
Expulsons
Nicolas
Perdu stylo
rouge
Nicolas
avec nous !
Stop
aux réformes
Nicolas minable
Président
Nicolas
la racaille
Nicolas
des logements !
Nicolas =
sous-Chirac
Nicolas
démission !
Vive Nicolas !
Même
les manifs
Président :
des réformes !
Ici c'est moi
qui fait tout !
VIVE MOI !

Certifié conforme
solution p.115
aux valeurs présidentielles

Crise à points

Pour savoir qui signe ce message à Nicolas, **reliez les points avec des nombres divisibles par trois en ordre croissant.**

Certifié conforme
solution p.115
aux valeurs présidentielles

Crise des actions

La bourse s'effondre. Une action de mille euros dégringole et n'en vaut plus que vingt. Mais avec un peu d'aide, Nicolas compte bien remonter l'action de trois euros, jusqu'à son ancienne valeur : mille !

Pour opérer la transformation, remplacez une lettre du mot de départ, toutes les autres lettres restant à leur place, puis procédez de même avec le mot suivant. La chute se fait en huit étapes, la remontée en onze…

MILLE

....
....
....
....
....
....
....
....

VINGT

TROIS

....
....
....
....
....
....
....
....
....
....
....

MILLE

Certifié conforme aux valeurs présidentielles
solution p.116

Crise bling-bling

Quels lots faut-il choisir pour avoir 3 Rollex, 3 Ray-Ban et 3 stylos Montblanc… mais aucun accessoire bon marché (mini-montre, lunettes rondes et stylo à bille) ?

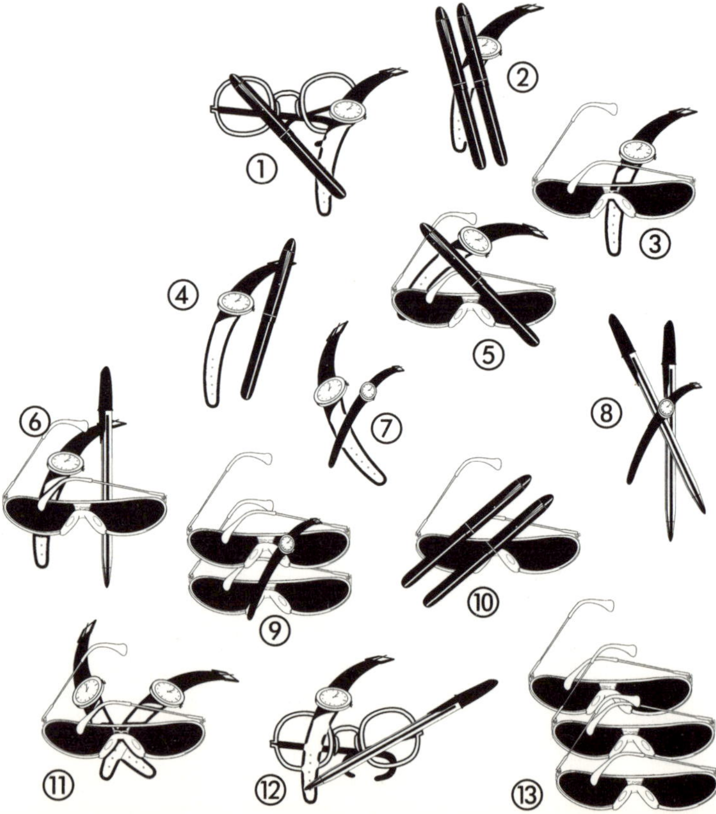

Certifié conforme
solution p.116
aux valeurs présidentielles

Crise sans Sarko

Trouvez huit mots de 5 lettres. Ces mots seront formés avec les lettres de chaque section plus la lettre du centre que vous devez trouver.
Une fois les mots formés, cette lettre du centre ne se retrouvera pas nécessairement au début ou à la fin.

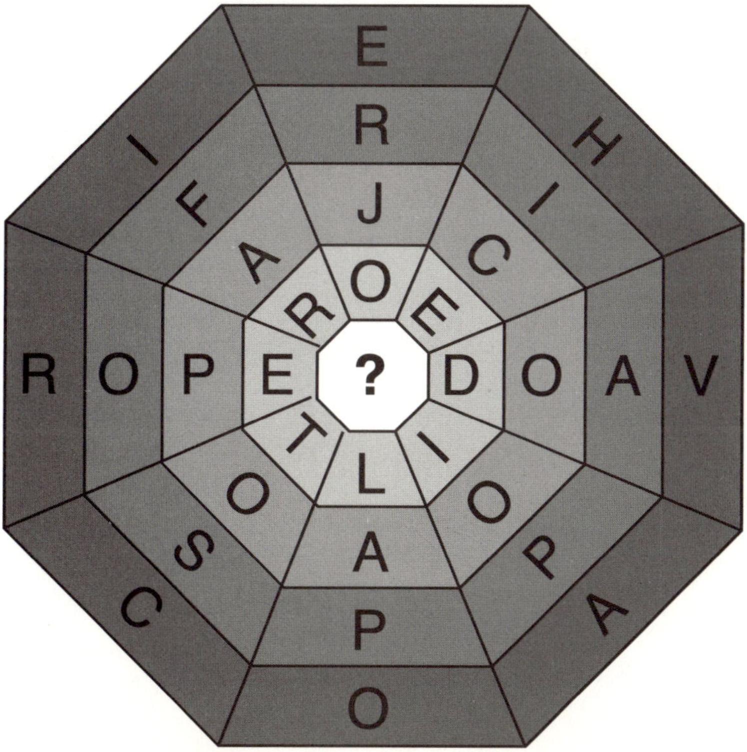

Certifié conforme solution p.116 aux valeurs présidentielles

Crise d'éveil

Tous les réveille-matin ont été réglés pour sonner à 7h30, mais seul celui de Nicolas est à l'heure. De ce fait, celui de Clara sonnera après l'heure prévue et celui de François avant. Par ailleurs, celui de Xavier indique une heure moins avancée que celui de Clara, et celui de Roselyne sonnera 10 minutes avant celui de Clara.

Quelle heure est-il ?

Certifié conforme
solution p.116
aux valeurs présidentielles

Crise de reconnaissance

Quand on n'est pas en odeur de sainteté…

Certifié conforme
solution p.117
aux valeurs présidentielles

Crise de sifflets

Connaissez-vous les paroles de *la Marseillaise* ?

Soulignez une erreur par vers dans ces deux premiers couplets :

Allons enfants de la Fratrie
Le jour de foire est arrivé
Contre nous de la litanie
L'étendard sanglant est hissé
Entendez-nous dans nos campagnes
Rugir ces féroces soldats
Ils arrivent jusque dans vos bras
Égorger vos fils, vos paysannes

Aux larmes citoyens
Armez vos bataillons
Marchons, mâchons
Qu'un sang impie
Abreuve nos moutons

Que veut cette foule d'esclaves
De prêtres, de rois conjurés ?
Pour qui ces abjectes entraves

Ces fers dès longtemps aiguisés ?
Français, pour nous, ah! quel ouvrage
Quels transports il doit provoquer
C'est nous qu'on ose maltraiter
Et rendre à l'antique esclavage...

Crise de désintégration

Pour isoler tous les Nicolas noirs des Nicolas blancs, **tracez six lignes droites sans soulever le crayon.**

Certifié conforme aux valeurs présidentielles

solution p.118

Crise d'intégration

Tracez six lignes droites sans soulever le crayon afin que chaque Nicolas noir se retrouve dans une région avec un Nicolas blanc.

Certifié conforme
solution p.119
aux valeurs présidentielles

Crise de logique

Nicolas, qui est Président, aime Elvis.

- Certains amateurs d'Elvis apprécient également Thierry la Fronde.
- Seules les personnes stressées ont des migraines.
- Les personnes stressées n'aiment pas Thierry la Fronde.
- Tous les présidents ont des migraines.
- Carla apprécie Thierry la Fronde.

Si ces affirmations étaient vraies, avec quelles conclusions seraient-elles logiquement compatibles ?

1. Nicolas aime Thierry la Fronde.
2. Nicolas a des migraines.
3. Nicolas est stressé.
4. Carla aime Elvis.
5. Carla a des migraines.
6. Carla est stressée.

Certifié conforme
solution p.119
aux valeurs présidentielles

Crise prénominale

Nicolas et Carla, lors de leurs vacances exotiques, ne parvenaient pas à se souvenir des prénoms des diverses personnes de leur entourage. Ce jour-là, rien qu'avec ces cinq femmes, Carla s'est trompée deux fois et Nicolas trois fois. **Et vous ?**

Selon Carla :

Leila | Antao | Eugênia | Fabia | Custodia

Selon Nicolas :

Eugênia | Custodia | Fabia | Leila | Antao

Certifié conforme
solution
p.119
aux valeurs présidentielles

Crise monétaire

Trouvez le chemin du départ à l'arrivée, en passant d'une pièce à une autre si elles se touchent. Une seule contrainte : sur tout le parcours, ne passez que sur trois valeurs de pièces différentes.

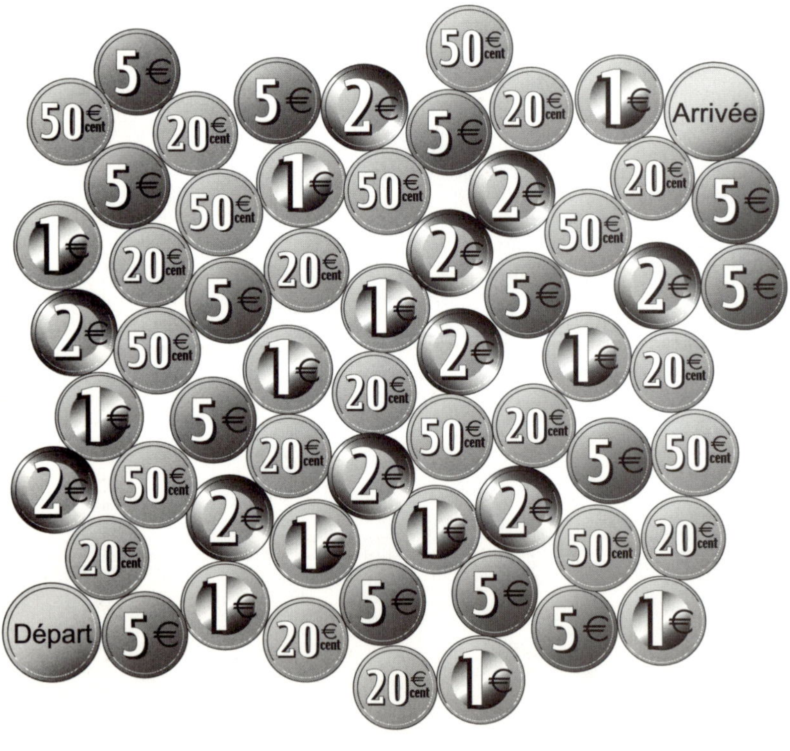

Certifié conforme
solution p.120
aux valeurs présidentielles

Crise de nerfs

Nicolas passe ses nerfs sur la presse. On peut reconstituer tous les exemplaires, sauf un : **lequel ?** Deux moitiés sont à trouver.

Certifié conforme aux valeurs présidentielles
solution p.120

Crise de position

Arrangez les lettres de chaque mot pour en former un autre qui commence avec la lettre donnée. Vous ferez ainsi passer Nicolas à sa position préférée : **la première.**

A	R	T	I	S	A	**N**
E	M	I	G	R	A	**I**
A	Q	U	E	D	U	**C**
M	A	E	S	T	R	**O**
O	R	I	G	N	A	**L**
D	E	T	R	O	N	**A**
U	L	T	I	M	E	**S**

N						
I						
C						
O						
L						
A						
S						

Certifié conforme
solution p.120
aux valeurs présidentielles

Crise de bulletins

Dans une élection triangulaire, le candidat de Nicolas a obtenu 176 voix de plus que le candidat de Martine, qui a obtenu 329 voix de plus que le candidat de François.
Il y avait 4535 votants, dont 17 qui ont voté blanc.
Nicolas demande à son candidat combien de voix il a obtenu.
Évitez la crise que provoquerait une réponse évasive, soufflez-lui la réponse.

Certifié conforme solution p.120 aux valeurs présidentielles

Une crise au poil

Comblez les blancs du discours grâce aux rimes…

Nous allons augmenter les ....
Poil aux molaires !
Des vacances supplémentaires seront ....
Poil au nez !
Nous y arriverons, je le ....
Poil aux cheveux !
Nous allons imposer la courtoisie et la politesse !
Poil aux .... !

Certifié conforme solution p.121 aux valeurs présidentielles

Crise d'assiduité

Nicolas n'est pas content. Ses ministres se dissipent. Pas un n'est dans son ministère, et quand il veut des explications, la réponse des directeurs de cabinet est confuse…

- Où est la ministre de la Santé ?

- Eh bien… Si elle est en train de se montrer à la télé, ou si elle se dore sur une plage du Sud, alors, monsieur le Président, le ministre de la Défense, lui, est soit à un match de foot, soit en train de faire bombance dans un grand restaurant.

- Allons bon ! Alors où est-il, ce ministre de la Défense ?

- Eh bien … S'il n'est pas en train de se dorer sur une plage du Sud, alors ce doit être monsieur le ministre de l'Environnement qui se montre à la télé.

- Dans ce cas, dites moi ce que fait le ministre de l'Environnement !

- Eh bien … S'il est en train de se montrer à la télé, ou encore si c'est lui qui fait bombance dans un grand restaurant, alors vous pouvez être sûr que le ministre de l'Agriculture à filé assister au match de foot.

- Enfin, ne pouvez-vous pas me dire où se trouve un seul de mes ministres ?

- Eh bien … Si la ministre de la Santé n'est pas en train de se montrer à la télévision, alors cela ne fait aucun doute, le ministre de la Défense est, euh… au restaurant.

Avant que Nicolas n'explose, dites-lui vite où se trouvent ces quatre ministres.

Certifié conforme • solution p.121 • aux valeurs présidentielles

Crise du discours

Une citation de Nicolas et une citation de Ségolène ont été mélangées mais les mots de chaque citation viennent dans le bon ordre.
Rendez à chacun son discours.

« Je veux que Je veux proposer la France aux jeunes Français aime sa jeunesse et exerce sur elle une grande ambition, parce que une juste autorité pour les petites lui permettre sont
de grandir médiocres. »

Certifié conforme
solution
p.121
aux valeurs présidentielles

Crise d'apparence

Pour réussir en politique, il ne faut pas hésiter à adopter certains signes extérieurs de réussite.
Donnez à Dominique, François, Laurent, Manuel et Xavier le lot de réussite qui leur revient, sachant que…

- S'il y a un chien, le lot ne peut appartenir qu'à François, Laurent ou Xavier.
- S'il y a une voiture, le lot ne peut appartenir qu'à Manuel, Dominique ou Xavier.
- S'il y a un smart-phone, le lot ne peut appartenir qu'à Laurent, Dominique ou Xavier.

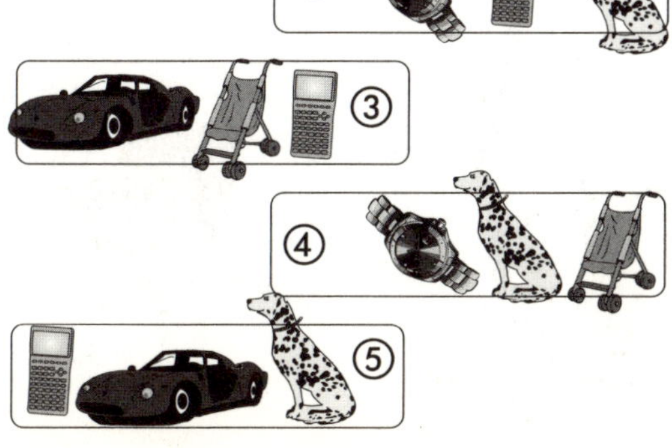

Certifié conforme
solution p.122
aux valeurs présidentielles

Crise de charades

1

Mon premier trône dans un voilier.
Mon second est formé des deux extrémités de l'alphabet.
Mon troisième vient par paire dans le corps.
Mon tout est un nom cardinal que Nicolas a emprunté.

2

Mon premier est un félin.
Mon second est un fruit à coquille.
Mon troisième est un ruban dans les cheveux.
Mon quatrième est ce que perçoit un avocat.
Mon cinquième est une paire.
Mon sixième est une partie du corps féminin.
Mon septième est un prénom ou un pantalon.
Mon huitième indique la noblesse.
Mon neuvième est une partie de parquet.
Mon dixième est une position dans le monde.
Mon tout est un titre qui permet à Nicolas de se la jouer catho.

3

Mon premier indique une taille qui ne correspond pas à Nicolas.
Mon second est la façon dont on appelait autrefois les instituteurs.
Mon troisième est la sixième note répétée.
Mon quatrième est le premier breuvage.
Mon cinquième est après ci en épitaphe.
Mon sixième remplace nous.
Mon septième fait un cadeau.
Mon huitième est une partie de la journée.
Mon tout est un autre titre qui permet à Nicolas de se la jouer déco.

Certifié conforme
solution
p.122
aux valeurs présidentielles

Crise de SMS

Voici quelques mois, Nicolas rédigeait des SMS à la chaîne, mais une erreur de communication a fait que ceux-ci ne sont pas arrivés aux destinataires prévus. **Attribuez à chacun le message qui lui revient.**

Barack Obama
1. Passez me voir à l'Élysée avant la grève.

Angela Merkel
2. Super ton passage à la télé.
Ton premier fan.

Le dalaï-lama
3. Bravo pour le congrès.
Nous allons donc nous retrouver face à face.

Brice Hortefeux
4. Viens samedi et n'oublie pas de mettre ton casque.

Le Président chinois
5. Vive le Tibet libre !

Jean Sarkozy

6. Améliore tes rendements, sinon le prochain charter est pour TOI !

Ségolène Royal

7. Bravo pour votre élection !

Martine Aubry

8. J'embrasse plus. C'est promis.

Bernard Thibault

9. Ne mêlons pas commerce et politique. Nos centrales sont les meilleures !

Carla Bruni

10. Bravo pour le congrès. Nous allons donc nous retrouver face à face.

Certifié conforme • solution p.123 • aux valeurs présidentielles

Crise musicale

Carla a perdu sa guitare, **pouvez-vous la retrouver ?** C'est celle qui touche 7 autres guitares dont au moins une sombre.

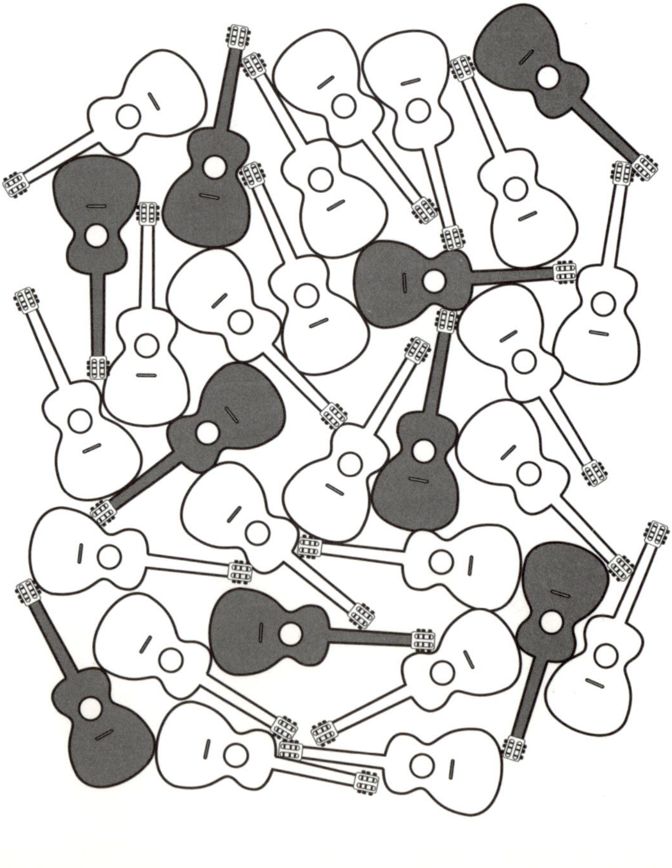

Certifié conforme aux valeurs présidentielles
solution p.123

Crise ou calme

Nicolas ou pas, la crise, comme les moments de calme, s'insinue dans les mots de tous les jours. **Formez un mot avec chaque groupe de lettres ci-dessous** en y ajoutant soit les lettres C-R-I-S-E, soit les lettres C-A-L-M-E, toujours dans le bon ordre, mais pas nécessairement à la suite.
Par exemple UOIT avec CRISE donne CuRIoSitE.

ACOSMENT

VERTIENT

AACTER

OMPOM

ATCYS

APITIS

OUTOI

SOIIS

HUAU

SATI

HAM

ONI

AIT

Certifié conforme
solution p.124
aux valeurs présidentielles

Crise de récré

Un sale gosse a fait un graffiti sur le tableau noir de l'école, mais il a ajouté une lettre à chaque mot.
Déchiffrez le texte !

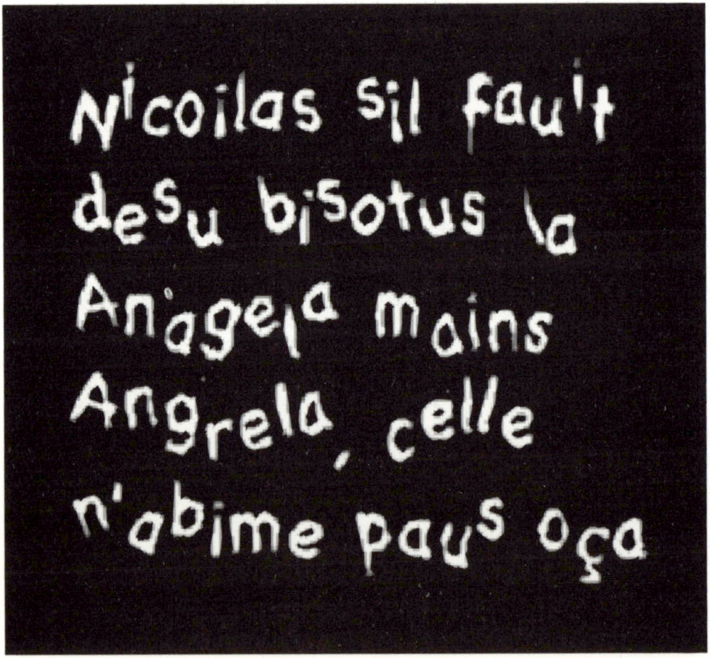

Certifié conforme aux valeurs présidentielles
solution p.124

Crise de placement

Dans la grille se cache un mot que Nicolas trouve très bien pour les autres, mais pas pour lui…
Pour trouver le mot, sachez que le chiffre au bout de chaque ligne indique le nombre de lettres qui se trouvent à la même place que dans le mot recherché.

T	R	A	I	N	E	1
M	E	F	A	I	T	1
D	U	R	A	N	T	1
S	U	B	I	T	E	1
A	R	R	O	S	E	1
D	U	C	A	L	E	1
T	R	A	I	T	E	0
C	R	I	A	R	D	1

Certifié conforme aux valeurs présidentielles – solution p.124

Crise des bas de laine

Pour relancer l'économie, il faut persuader les Français de placer leurs économies ailleurs que dans des bas de laine. Ici, par exemple, nous avons 6904 euros d'économie, juste dans ces 8 chaussettes.

Trouvez la somme que contient chacune d'elles à l'aide des informations suivantes :

- Les bas de laine de même couleur contiennent la même somme.
- La rangée du haut a la même valeur que la rangée du bas.
- Les quatre chaussettes de gauche (A, B, E, F) valent 500 euros de plus que les chaussettes de droite (C, D, G, H).
- Les quatre chaussettes à deux bandes contiennent 1000 euros de moins que les quatre chaussettes à une bande.

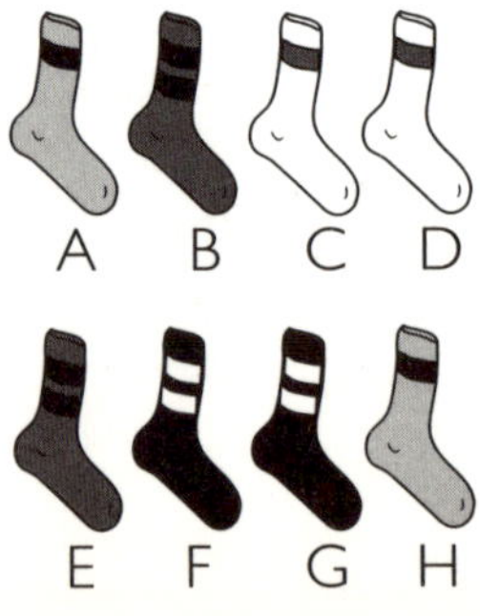

Certifié conforme
solution
p.125
aux valeurs présidentielles

Crise de mots

Formez des mots qui commencent avec les sons NI - CO et LA à l'aide des fragments ci-dessous.
Cinq mots de chaque.

Certifié conforme
solution
p.125
aux valeurs présidentielles

Crise européenne

Nicolas vous explique ses desiderata pour son prochain périple européen.

Le voyage commence par un vol Paris-Milan, et se termine par Madrid-Paris. Entre ces deux vols, il faut visiter les villes indiquées sur la carte dans n'importe quel ordre mais en respectant trois conditions : les vols d'une ville à une autre se font en ligne droite ; l'itinéraire du début à la fin ne doit jamais se croiser ; il ne faut pas aller deux fois de suite dans des villes d'un même pays.

Quel itinéraire proposez-vous ?

Londres
Amsterdam
Berlin
Paris
Cologne
Prague
Munich
Lyon
Milan
Toulouse
Madrid
Lisbonne
Marseille
Rome
Barcelone
Séville

Certifié conforme solution p.126 aux valeurs présidentielles

Crise de vociférations

Nicolas joue-t-il encore tous les rôles ? Ou bien s'agit-il de partisans et d'opposants masqués ? Nous vous laisserons trancher.

Au cri d'un clan répond toujours un cri du camp opposé, et celui-ci contient à chaque fois, outre le nom de Nicolas, au moins trois lettres identiques au cri précédent. Une même lettre répétée compte pour une seule lettre.
Si le premier cri est « Vive Nicolas », et que l'échange passe par toutes les bulles en passant d'un côté à l'autre à chaque fois, **quel est le dernier cri prononcé ?**

Certifié conforme solution p.126 aux valeurs présidentielles

Crise de Premier ministre

Guidez Nicolas dans le délicat choix d'un Premier ministre, en tenant compte de ses réflexions…

« Parmi ces candidats possibles au poste de Premier ministre, commençons par restreindre le choix à trois, de sorte qu'il y en ait deux avec des lunettes et deux blonds, mais un seul qui porte le chapeau. »

Finalement, Nicolas change d'avis et choisit le seul candidat qui ne peut être inclus dans un tel trio : **lequel ?**

①
②
③
④
⑤
⑥
⑦

Certifié conforme
solution
p.126
aux valeurs présidentielles

Crise de bureaux

Le personnel de l'Elysée réclame des bureaux individuels. **Divisez le local en bureaux de même taille et de même forme, chacun comprenant un ordinateur (que l'on ne déplacera pas).** Tracez les cloisons uniquement le long des cases.

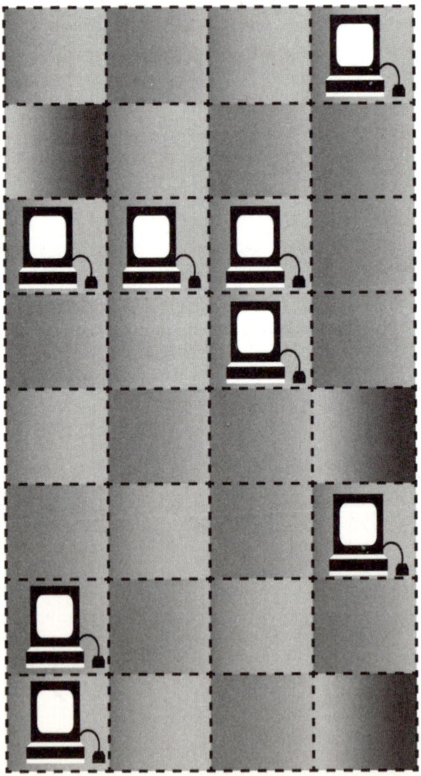

Certifié conforme
solution
p.126
aux valeurs présidentielles

Crise boursière

Si seulement les indices de la bourse suivaient la régularité d'une série numérique, au moins on pourrait prédire les prochaines valeurs… **comme ici.**

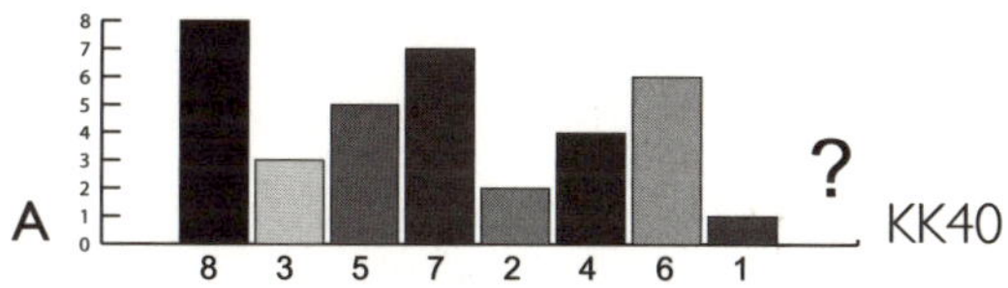

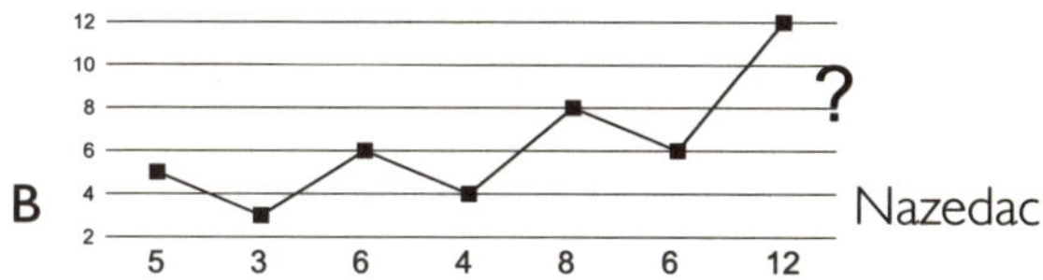

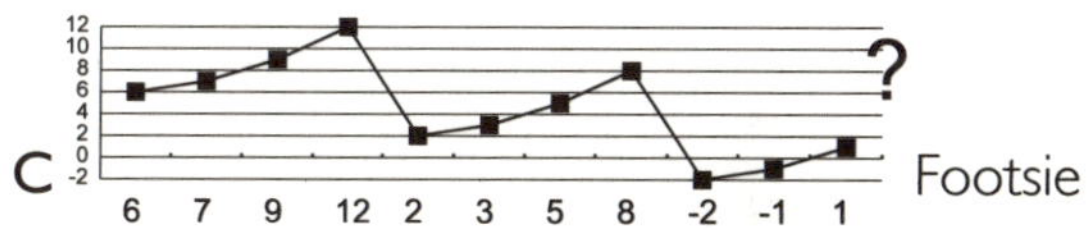

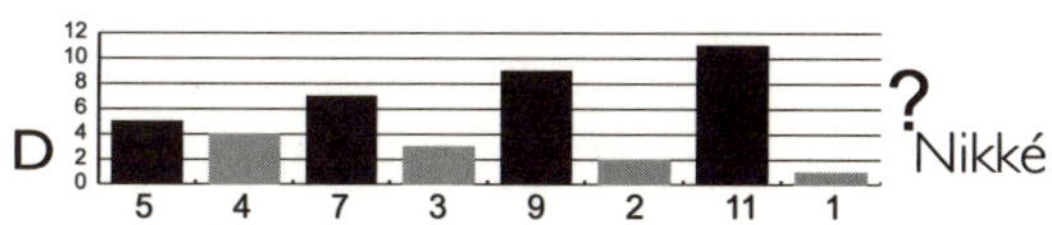

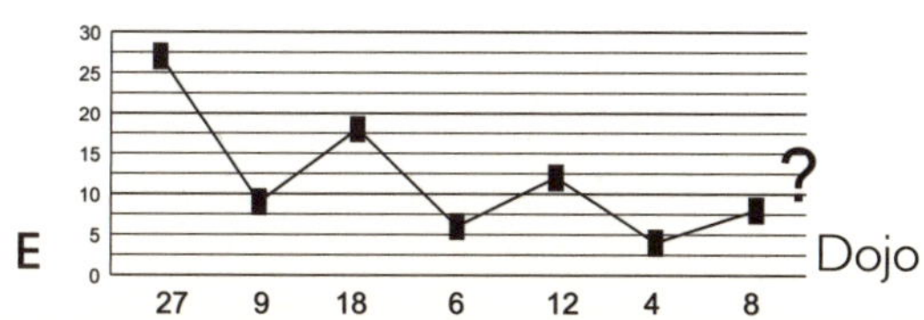

Certifié conforme aux valeurs présidentielles
solution p.127

Crise de langue de bois

Vous m'avez compris. **1** ●

Des discussions sont en cours avec un éventuel repreneur. **2** ●

Les forces vives de la nation… **3** ●

C'est une très bonne question et je vous remercie de me l'avoir posée. **4** ●

Nous regrettons si cette grève gêne le public. **5** ●

Cet État demeure indépendant et libre de gérer ses ressources. **6** ●

Dans une atmosphère de franche cordialité… **7** ●

Des réductions d'effectifs restreintes et ciblées… **8** ●

Nous nous adaptons aux contraintes du marché. **9** ●

Malgré les propositions multiples et répétées de la Direction… **10** ●

La stabilité des prix sera garantie. **11** ●

Nous redonnerons la parole au peuple dès que la situation sera stabilisée. **12** ●

Sans la moindre hésitation, nous avons décidé… **13** ●

Ayant été sauvagement attaqué par cette grande puissance militaire… **14** ●

Les quelques incursions que nos troupes ont faites dans ce pays… **15** ●

Cette rumeur est absolument sans fondement. **16** ●

Aidez Nicolas à déchiffrer la langue de bois :
reliez chaque déclaration à sa traduction…

- **A.** Après des heures de discussion, nous sommes arrivés à un compromis.
- **B.** Nous cherchons désespérément quelqu'un qui pourrait reprendre la boîte.
- **C.** Ce salaud essaye encore une fois de me piéger.
- **D.** Dans ce pays, c'est nous les chefs et nous allons piller ses richesses.
- **E.** Nous espérons que cette grève créera une pagaille monstre.
- **F.** Quelle est l'ordure qui a révélé ça à la presse ?
- **G.** Ils n'ont pas cessé de s'engueuler.
- **H.** Je vous ai bien trompé, non ?
- **I.** Nous avons envahi ce petit État de rien du tout.
- **J.** Les actionnaires nous ont forcé la main.
- **K.** Un peu d'inflation pourrait camoufler nos échecs.
- **L.** Les patrons refusent de négocier.
- **M.** Licenciements massifs.
- **N.** L'occupation de ce territoire.
- **O.** Quelques apparatchiks.
- **P.** Si j'ai pris le pouvoir, c'est pour le garder.

Certifié conforme • solution p.127 • aux valeurs présidentielles

Crise de série télé

Quelle image numérotée complète logiquement chaque série ?

A

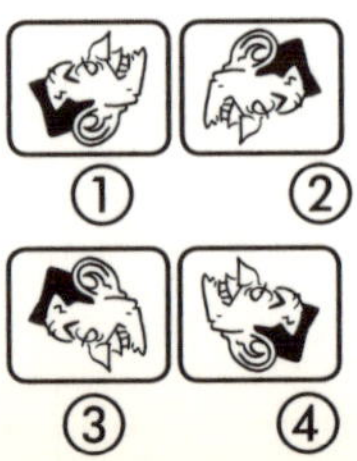

B

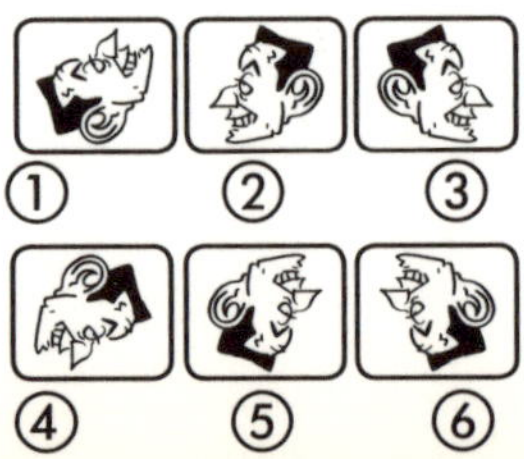

C

D

①

②

③

E

①

②

③

F

①

②

③

④

Solutions

Réponse adaptée aux crises présidentielles – jeu p.4

Crise de parole

Je suis
le plus fort,
le plus malin,
le plus beau …
et le plus
modeste.

Réponse adaptée aux crises présidentielles – jeu p.5

Crise de vocabulaire

Deux solutions : savonnette ou talonnette.

D	O	**ST**	E	R
N	I	**A**	I	S
D	E	**VL**	I	E
R	A	**O**	U	T
F	O	**N**	D	U
R	O	**N**	C	E
L	U	**E**	U	R
H	E	**T**	R	E
T	O	**T**	E	M
P	I	**E**	G	E

Réponse adaptée aux crises présidentielles – jeu p6

Crise de liquidités

45 kilos : impossible

26 kilos + 47 kilos

32 kilos + 41 kilos

22 kilos + 51 kilos

29 kilos + 44 kilos

35 kilos + 38 kilos

Réponse adaptée aux crises présidentielles – jeu p7

Crise de jalousie

La baraque à Barack est plus blanche que la mienne.
Le bureau à Obama est plus ovale que le mien.
Ses sondages sont meilleurs que les miens.

Réponse adaptée aux crises présidentielles – jeu p.8

Crise de rire

On a toujours besoin d'un plus petit Nicolas que soi.

Réponse adaptée aux crises présidentielles — jeu p.9

Crise de Folie

Celui de droite ne peut être Nicolas car, s'il est Nicolas, les deux autres sont les fous patients de l'asile. Nicolas, qui dit vrai, devrait répondre oui.

Celui du milieu ne peut pas lui non plus être Nicolas car, dans ce cas, celui qui est à droite devrait mentir, or il dit la vérité.

Le vrai Nicolas doit donc être celui tout à fait à gauche. Il dit la vérité en affirmant que son voisin de droite est un patient de l'asile, celui du centre ment en disant que le vrai Nicolas est un patient, et celui à gauche ment en disant que son voisin n'est pas un patient.

Assurez-vous tout de même que vous ne faites pas erreur ;
il serait fâcheux d'échanger Nicolas contre un fou.

Réponse adaptée aux crises présidentielles — jeu p.10

Crise d'agenda

Faisons un calendrier !

Mardi 29 mars	**Nicolas impossible**
Mercredi 30 mars	**Nicolas avec « Gueule d'enterrement »**
Jeudi 31 mars	**Nicolas impossible**
Vendredi 1er avril	**Ministre des Circonstances : délégation**
Samedi 2 avril	**Nicolas jamais le samedi**
Dimanche 3 avril	**Pas le dimanche**
Lundi 4 avril	**Ministre des Circonstances : nonce du Pape**
Mardi 5 avril	**Ministre des Conséquences : CGT**
Mercredi 6 avril	**Nicolas à Pékin**
Jeudi 7 avril	**Nicolas à Helsinki**
Vendredi 8 avril	**Nicolas avec « le Clown »**

Samedi 9 avril	**Nicolas jamais le samedi**
Dimanche 10 avril	**Pas le dimanche**
Lundi 11 avril	**LIBRE !**
Mardi 12 avril	**Ministre des Conséquences : enseignants**

Pour l'heure : le matin, le ministre des Conséquences n'est libre qu'entre 8h00 et 10h00, mais Nicolas, lui, n'est pas libre à ces heures-là. L'après-midi, Nicolas n'est libre qu'entre 17h30 et 19h00, mais le ministre des Conséquences n'est libre qu'à partir de 18h00.

Vous organisez donc le rendez-vous pour le lundi 11 de 18h00 à 19h00… Mais, impatient, le lundi d'avant, Nicolas a convoqué tout le monde à 10h00 du matin et le nonce du Pape, ravi, a pu éviter son pensum avec la ministre des Conséquences.

Réponse adaptée aux crises présidentielles
jeu p.12

Crise diplomatique

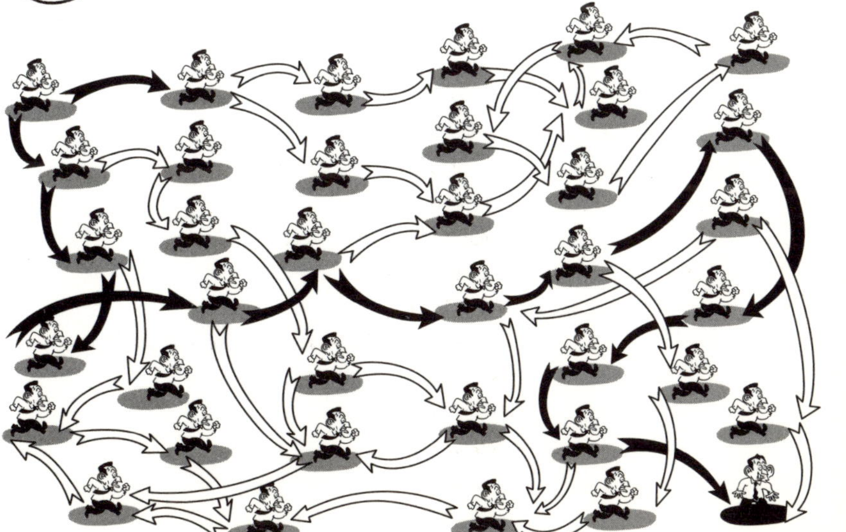

Réponse adaptée aux crises présidentielles – jeu p.14

Crise d'offenses

L'amende correspond au rang alphabétique de la première lettre, multiplié par le nombre de lettres.

Donc pour Chirac bis, C troisième lettre de l'alphabet × 9 lettres = **27**.

Réponse adaptée aux crises présidentielles – jeu p.16

Crise bancaire

Cinq filets : 2 - 3 - 4 - 6 - 8.

Réponse adaptée aux crises présidentielles – jeu p.17

Crise boursière

+ C = Courbes, obscure

+ R = Bourres, rebours, borures

+ I = Boiseur, bousier, obusier, (boisure)

+ S = bosseur, bourses, brousse

+ E = Ébroués, robeuse, (ébouser)

Réponse adaptée aux crises présidentielles – jeu p.18

Crise de taille

7 + 8 + 11 = 26.

Réponse adaptée aux crises présidentielles – jeu p.19

Crise de citation

La crise morale française porte un nom : **c'est la crise du travail.**

Réponse adaptée aux crises présidentielles – jeu p. 20

Crise de sondages

64 %

A+ = +8, B+ = +9, C+ = +7, A- = -5, B- = -7, C- = -10.

Avec le premier sondage, on voit que A+ et B+ = +17 ;

donc, avec le second sondage, on voit que A- = -5.

Si on retire A- (donc -5) du troisième sondage, on voit que B+ et B- totalisent +2.

En considérant le cinquième sondage (42%) comme B+ et B- = 2, alors C- = -10.

Avec le sixième sondage (28%), nous savons que A- = -5, C- = -10 donc B- = -7.

Si on compare le premier et le quatrième sondage, on voit que C+ et B- totalisent 0. Comme B- = -7, C+ = +7.

Nous avons donc avec le dernier sondage A+ et B+ = +17, C+ = 7 et C- =10, ce qui au total fait +14. Donc 64%.

Réponse adaptée aux crises présidentielles — jeu p. 22

Crise codée

« *Je préfère risquer en osant, que regretter de ne pas avoir su saisir l'occasion qui se présentait.* »

Réponse adaptée aux crises présidentielles — jeu p.23

Crise des Phynances

- Grand Phynancier : dépenser plus.
- Phynancier Moyen : économiser plus.
- Petit Phynancier : travailler plus.
- Nicolas : emprunter plus.

Devinez laquelle de ces options a été mise en œuvre.

Réponse adaptée aux crises présidentielles — jeu p. 24

Crise people

1C, 2B, 3B, 4C, 5B, 6B, 7A, 8C, 9B, 10C.

Réponse adaptée aux crises présidentielles — jeu p. 26

Crise de remaniement

Les ministres : 1, 3, 4, 5, 7, 9, 11, 12, 13, 14.

Il n'y a qu'un élu de la région Centre, il faut donc le prendre : n° 5. C'est un élu Modem, ce qui exclut l'autre n° 2. De ce fait, il ne reste que 4 femmes : il faut les prendre toutes les 4 : n° 4, 9, 11 et 13. Comme n° 4 est société civile, n° 8 qui l'est aussi est exclu. Il ne reste donc que deux minorités qu'il faut prendre : n° 3 et 12.

Reste deux ministres à trouver, qui doivent avoir moins de 35 ans, dont un socialiste, donc n° 14. N° 6 est exclu car il est Nouveau Centre comme n° 9.

Donc, il ne reste que le n° 1 possible.

Réponse adaptée aux crises présidentielles – jeu p.28

Crise de candidats

1. Christian

2. Renaud

3. Cédric

4. Hector

5. Roger

6. César

7. Damien

8. Casimir.

Réponse adaptée aux crises présidentielles – jeu p.30

Crise au Féminin

C'est Patricia.

D'ailleurs, l'acharnement a été récompensé. Elle a été aussitôt nommée Seconde adjointe auprès de l'assistant du conseiller à la condition canine.

Réponse adaptée aux crises présidentielles – jeu p.31

Crise d'activité

« ***Sarkozy, c'est le seul qui a été obligé de passer par l'Élysée pour devenir Premier ministre.*** » Jean-Louis Borloo

Réponse adaptée aux crises présidentielles – jeu p.32

Crise d'identité

Réponse adaptée aux crises présidentielles – jeu p.33

Crise de marguerite

Leclerc, un rêve d'Indochine, film pour lequel Nicolas Sarkozy a été co-scénariste ! Il faut prendre le 4e pétale à chaque fois.

Réponse adaptée aux crises présidentielles – jeu p.36

Crise de collection

Trousse n° 1 : 4 stylos (lot D). **Trousse n° 2 :** 3 stylos (lot A ou B).

Trousse n° 3 : 5 stylos (lot E). **Trousse n° 4 :** 1 stylo (lot C).

Trousse n° 5 : 6 stylos (lot F). **Trousse n° 6 :** 3 stylos (lot A ou B).

Réponse adaptée aux crises présidentielles – jeu p.34

Crise du nerf de la guerre

En tournant autour de la page : ragent, ganter, géant, régnât, étang, gérant, range, grenat, agent, gâter, garent, antre, nager.

Réponse adaptée aux crises présidentielles – jeu p.35

Crise du logement

Tente n° 5.

Gégé se trouve dans la tente 9 (8 tentes derrière, 7 tentes devant). Donc Max se trouve soit dans la tente 6, soit dans la tente 12.

Si Max se trouve dans la 12, Boubou se trouve dans la 7. Si Max se trouve dans la 12, Boubou se trouve dans la 7 : Fred mi-distance entre Gégé et Boubou donc 8 ce qui est impossible car à côté de Gégé et Boubou.

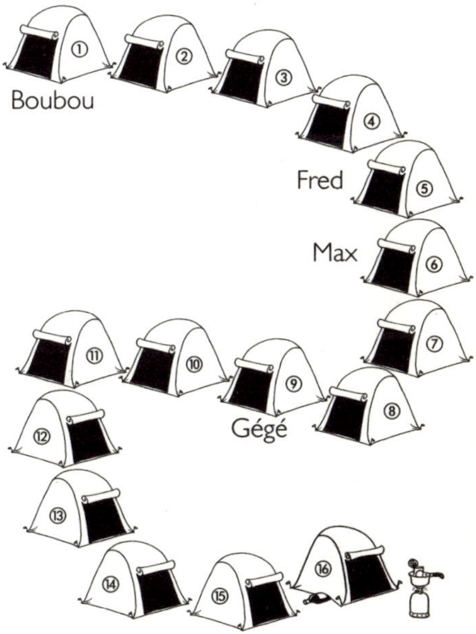

Si Max se trouve dans la 6, Boubou se trouve soit dans la 11, soit dans la 1. S'il est dans la 11, Fred est de nouveau à côté de Boubou et Gégé : impossible. Donc Boubou se trouve dans la 1. Mi-distance entre la 1 et la 9 = la tente 5.

Réponse adaptée aux crises présidentielles – jeu p.38

Crise de ministres

Garde des Sceaux	Darcos, Xavier
Immigration	Morin, Hervé
Culture	Karoutchi, Roger
Recherche	Kouchner, Bernard
Santé	Santini, André
Agriculture	Lagarde, Christine
Économie (et) Finances	Kosciusko-Morizet, Nathalie
Éducation nationale	Bachelot, Roselyne
Intérieur	Bertrand, Xavier
Affaires étrangères	Hortefeux, Brice
Sports	Pécresse, Valérie
Logement	Alliot-Marie, Michèle

Réponse adaptée aux crises présidentielles – jeu p.39

Crise d'âge

Âge de Nicolas à l'élection de Mitterrand 1 : A
Âge de Nicolas lors de sa propre élection : 2A

Âge de Nicolas à l'élection de Mitterrand 2 : A + 7
Âge de Nicolas lors de l'élection de De Gaulle : (A + 7) / 11

L'année avant son élection, Nicolas avait dix-sept fois l'âge qu'il avait lors de l'élection de De Gaulle, soit : 17 ((A + 7) / 11)

Nous pouvons donc établir l'équation suivante :

17 ((A + 7) / 11) = 2A - 1
D'où : (17A + 119) / 11 =2A - 1

$$17A + 119 = 22A - 11$$

$$119 + 11 = 22A - 17A$$

D'où l'on trouve que $A = 26$.
Donc lors de son élection, Nicolas avait $2 \times 26 = 52$ ans.

Réponse adaptée aux crises présidentielles – jeu p.40

Crise des ventes

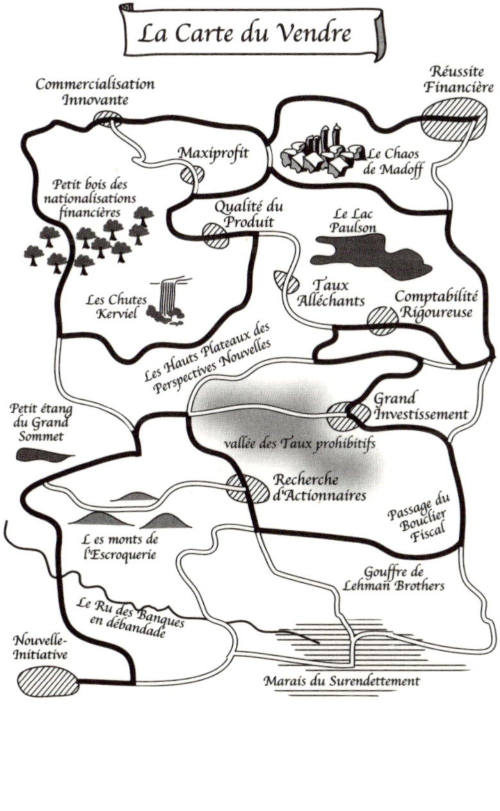

Réponse adaptée aux crises présidentielles jeu p.42

Crise d'affichage

Réponse adaptée aux crises présidentielles jeu p.43

Crise de sens

Les militants parlementaires socialistes vont voter une motion de censure à l'Assemblée nationale, car ils contestent la politique étrangère du gouvernement et réclament plus de coopération ainsi que le remaniement du projet.

Réponse adaptée aux crises présidentielles — jeu p.44

Crise d'expression

« ***Travailler plus pour gagner plus.*** »
« ***Il faut nettoyer ce quartier au Kärcher.*** »*
« ***Casse-toi pauvre c... !*** »
« ***Je veux être le Président du pouvoir d'achat.*** »

* Nous donnons ici la forme courante de cette citation, mais il s'agit en fait d'un raccourci de deux déclarations : « Je mettrai les effectifs qu'il faut, mais on nettoiera la Cité des 4000 » d'une part, et « le terme nettoyer au Kärcher est le terme qui s'impose, parce qu'il faut nettoyer cela. »

Réponse adaptée aux crises présidentielles — jeu p.45

Crise de Fric

M	K	C	E	P	O	K	E	S	E
A	F	E	Z	U	O	L	F	E	U
I	R	G	E	E	L	F	B	T	R
L	I	G	P	I	R	R	L	T	O
L	C	R	E	A	N	C	E	E	S
E	I	S	I	N	S	A	C	P	E
T	O	C	H	N	T	U	R	E	U
N	H	S	N	O	N	G	O	P	Q
E	A	U	E	M	I	D	N	S	I
C	L	I	N	G	O	T	D	S	R
B	E	S	P	E	C	E	S	I	B

Réponse adaptée aux crises présidentielles – jeu p.46

Crise de la dette

1885 euros.

3/5 + 3/13 + 3/29 (le dénominateur commun 5 × 13 × 29 = 1885) ce qui donne 1131/1885 + 435/1885 + 195/1885, soit 1761/1885.

Il manque donc 124/1885 pour avoir la somme complète. Comme cela correspond à 124 euros, la somme est donc de 1885 euros. Somme qui correspond à une estimation de l'accroissement de la dette française par seconde, fin 2008. C'était le bon temps !

Réponse adaptée aux crises présidentielles – jeu p.47

Crise de crise

Banlieues en colère

Audiovisuel en pagaille

Justice perturbée

Paysans en rogne

Éducation nationale contre les réformes

Intermittents manifestent

Chercheurs dans la rue

Chômage persistant

Ascenseur social en panne

Réformes bâclées

Trou de la Sécurité sociale

Déficit du commerce extérieur

Réponse adaptée aux crises présidentielles
jeu p.48

Crise de Nicolas

1. Nicolas Hulot

2. Nicolas Cage

3. Nicolas Anelka

4. Nicolas Machiavel

5. Le Petit Nicolas

6. Nicolas II tzar de Russie

7. Nicolas Fouquet

8. Nicolas Escudé

9. Nicolas Boileau

10. Nicolas de Staël

11. L'alchimiste Nicolas Flamel

12. Nicolas Poussin

13. Nicolas Gogol

14. Nicolas le Floch (personnage de Jean-François Parot)

15. Nicolas de Flüe.

Réponse adaptée aux crises présidentielles – jeu p.50

Crise de jogging

Nicolas est le second.

S'il double celui devant lui, il sera premier. Si le second (Nicolas, donc) double celui qui est devant lui, Nicolas sera premier. S'il est doublé par celui derrière lui, il sera troisième.

Réponse adaptée aux crises présidentielles – jeu p.51

Crise de noms

1. Roger

2. Bernard

3. Patrick

4. Michel

5. Hervé

6. André

7. François.

Réponse adaptée aux crises présidentielles – jeu p.52

Crise de manif

Nicolas des sous ! - Nicolas sous-minable -
Nicolas minable Président - Nicolas Président formidable !

Réponse adaptée aux crises présidentielles — jeu p.54

Crise à points

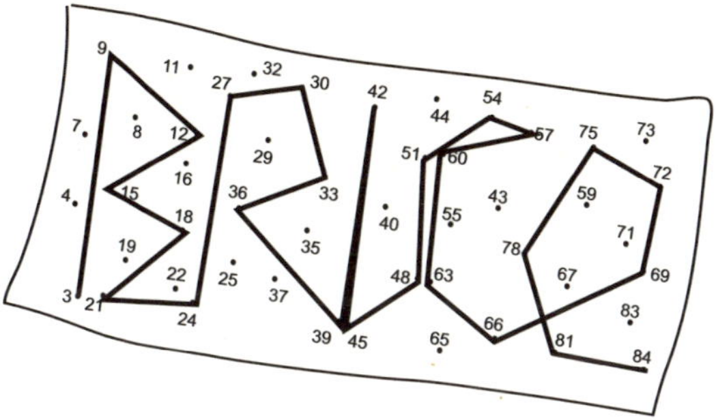

Réponse adaptée aux crises présidentielles — jeu p.55

Crise des actions

M I L L E
P I L L E
P I L É E
P I L E S
M I L E S
M I N E S
M I N E T
M I N A T
V I N A T
V I N G T

M I L L E
F I L L E
F I O L E
F R Ô L E
F R Ê L E
F R I T E
F R I S E
C R I S E
C R I S S
C R I C S
C R O C S
C R O I S
T R O I S

Réponse adaptée aux crises présidentielles – jeu p.56

Crise bling-bling

Lots 5 - 10 - 11.

Réponse adaptée aux crises présidentielles – jeu p.57

Crise sans Sarko

Lettre du centre **K**.

Mots en partant de la verticale en haut et progressant dans le sens des aiguilles d'une montre : joker, cheik, vodka, okapi, polka, stock, poker, fakir.

Notez que malgré tous ces mot en K, nous n'avons pas inclus le mot Sarko.

Réponse adaptée aux crises présidentielles – jeu p.58

Crise d'éveil

Il est 7h15.

Réveil **1** pour Xavier, **2** pour Clara, **3** pour Roselyne,
4 pour Nicolas et **5** pour François.

Réponse adaptée aux crises présidentielles – jeu p.59

Crise de reconnaissance

Nicolas a dit à Carla : « Benoît XVI s'est aperçu que j'étais arrivé quand il t'a vue. »

Nid - col - a - a - dix A - car - la - boeufs - noix - seize C - tas - paire - sue - queue - jet - T - A - rit - V - camp - île - tas - vue.

Réponse adaptée aux crises présidentielles – jeu p.60

Crise de sifflets

Allons enfants de la Patrie
Le jour de gloire est arrivé
Contre nous de la tyrannie
L'étendard sanglant est levé
Entendez-vous dans nos campagnes
Mugir ces féroces soldats
Ils viennent jusque dans vos bras
Égorger vos fils, vos compagnes.

Aux armes citoyens
Formez vos bataillons
Marchons, marchons
Qu'un sang impur
Abreuve nos sillons
Que veut cette horde d'esclaves
De traîtres, de rois conjurés
Pour qui ces ignobles entraves
Ces fers dès longtemps préparés
Français, pour nous, ah ! quel outrage
Quels transports il doit exciter
C'est nous qu'on ose méditer
De rendre à l'antique esclavage...

Un Rouget d'or à tous ceux qui ont obtenu un sans faute !

Réponse adaptée aux crises présidentielles — jeu p.62

Crise de désintégration

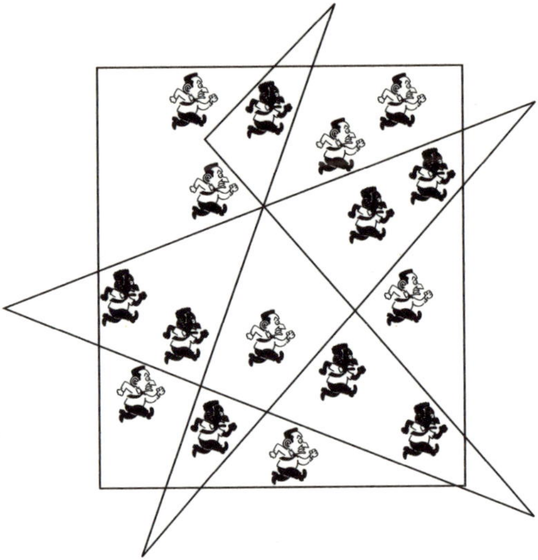

Réponse adaptée aux crises présidentielles — jeu p.63

Crise d'intégration

Réponse adaptée aux crises présidentielles — jeu p.64

Crise de logique

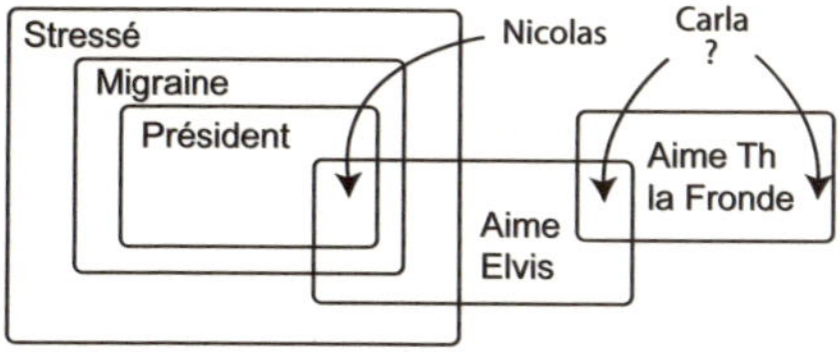

On voit ainsi que seules les conclusions 2 et 3 sont certaines. L'affirmation 4 est « compatible » avec les affirmation, il est possible que Carla aime Elvis, mais ce n'est pas certain.

Réponse adaptée aux crises présidentielles — jeu p.65

Crise prénominale

1. Leila, **2.** Custodia, **3.** Eugênia, **4.** Fabia, **5.** Antao

Carla avait raison pour 1, 3 et 4, et Nicolas pour 2 et 5.
Comme ils ne sont du même avis pour aucun prénom, on en conclut que quand Carla voit juste, Nicolas se trompe et inversement. Il faut donc trouver une combinaison où les noms choisis par l'un ne sont pas ceux qui restent pour l'autre.

Réponse adaptée aux crises présidentielles — jeu p.66

Crise monétaire

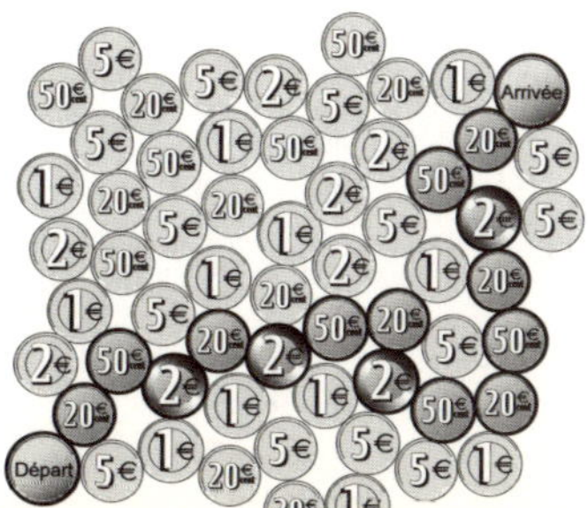

Crise de nerfs

Réponse adaptée aux crises présidentielles – jeu p.67

2 et 6 (1-9, 3-10, 4-13, 5-15, 7-16, 8-11, 12-14).

Crise de position

Réponse adaptée aux crises présidentielles – jeu p.68

N	A	I	T	R	A	S
I	M	A	G	I	E	R
C	A	D	U	Q	U	E
O	M	E	R	T	A	S
L	O	R	G	N	A	I
A	D	O	R	E	N	T
S	T	I	M	U	L	E

Crise de bulletins

Réponse adaptée aux crises présidentielles – jeu p.69

Si le candidat de François a obtenu N voix, celui de Martine en a obtenu N + 329 et celui de Nicolas N + 329 + 176.

Donc N + 329 + N + 505 + N + 17 (les votes blancs) = 4535.

Donc 3N = 3684 et N = 1228. Donc le candidat de Nicolas N + 505 = 1733.

Crise au poil

Réponse adaptée aux crises présidentielles – jeu p.70

Président, vides, impôts, salaires, données, veux, fesses.

Réponse adaptée aux crises présidentielles — jeu p.72

Crise d'assiduité

Le ministre de l'Environnement se montre à la télévision.

Le ministre de l'Agriculture a filé à un match de foot.

Le ministre de la Défense se goberge au restaurant.

La ministre de la Santé se fait dorer sur une plage du Sud.

Que la ministre de la Santé soit à la télévision ou pas (première et dernière affirmation), le ministre de la Défense n'est pas à la plage.

Comme le ministre de la Défense n'est pas à la plage, le ministre de l'Environnement est à la télé (deuxième affirmation) et, par conséquent, d'une part (affirmation 3), le ministre de l'Agriculture est au foot et, d'autre part (affirmation 4), le ministre de la Défense est au restaurant.

Ce qui laisse la ministre de la Santé à la plage.

Réponse adaptée aux crises présidentielles — jeu p.74

Crise du discours

« *Je veux proposer aux jeunes Français une grande ambition, parce que les petites sont médiocres.* » NICO.

« *Je veux que la France aime sa jeunesse et exerce sur elle une juste autorité pour lui permettre de grandir.* » SÉGO.

Réponse adaptée aux crises présidentielles — jeu p.75

Crise d'apparence

1. Manuel, **2.** Laurent, **3.** Dominique, **4.** François, **5.** Xavier.

Réponse adaptée aux crises présidentielles – jeu p.76

Crise de charades

1.

Mazarin (mât – ZA – rein). Nicolas Sarkozy a publié une série de lettres sous le pseudonyme de Mazarin.

2.

Chanoine honoraire de Saint-Jean de Latran (chat - noix - nœud - honoraires - deux - sein - jean - de - latte - rang). Nicolas Sarkozy a reçu en décembre 2007 ce titre attaché à la Présidence française.

3.

Grand maître de la Légion d'honneur (grand - maître - deux la - lait - gît (ci-gît) - on - donne - heure). Titre qui revient d'office au Président de la République.

Réponse adaptée aux crises présidentielles – jeu p.78

Crise de SMS

Barack Obama **7**

Angela Merkel **8**

Le dalaï-lama **5**

Brice Hortefeux **6**

Le Président chinois **9**

Jean Sarkozy **4**

Ségolène Royal **3** ou **10**

Martine Aubry **3** ou **10**

Bernard Thibault **1**

Carla Bruni **2**

Réponse adaptée aux crises présidentielles jeu p.80

Crise musicale

Voici la guitare recherchée.
Carla vous dit merci.

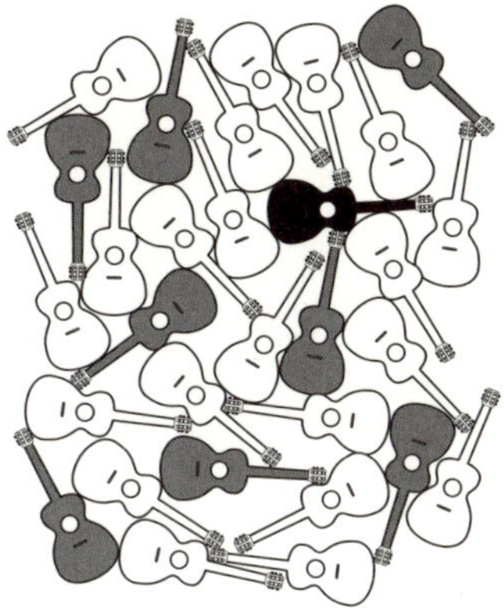

Réponse adaptée aux crises présidentielles jeu p.81

Crise ou calme

CRISE	CALME
acCRoIsSEment	vertiCALeMEnt
CaRacterISE	CatAcLysME
CompRomISE	CapitALisME
CouRtoISiE	soCiALisME
saCRIStiE	ChALuMEau
ChaRISmE	CALoMniE
	CALaMitÉ

Réponse adaptée aux crises présidentielles – jeu p.82

Crise de récré

Nicolas, il fait des bisous à Angela mais Angela, elle n'aime pas ça !

Réponse adaptée aux crises présidentielles – jeu p.83

Crise de placement

Second.

Réponse adaptée aux crises présidentielles – jeu p.84

Crise des bas de laine

A et H contiennent chacune 1363 €, B et E 863 € et C, D, F et G, 613 €.

Comme la rangée du haut = la rangée du bas, et que A = H et B = E, les deux blanches (C + D) contiennent la même somme que les deux noires (F + G), somme que nous nommerons S.

Ainsi, C + D + F + G = 4S.

Comme celles de gauche = celles de droite + 500 €, et que A = H et F = G, alors B + E = C + D + 500, soit B + E = 2S + 500.

Comme celles à 2 bandes + 1000 = celles à une bande, B + E + F + G + 1000 = A + C + D + H.

Remplaçons les chaussettes dont nous connaissons la valeur par cette valeur : 2S + 500 + 2S + 1000 = 2S + A + H, soit 2S + 1500 = A + H.

Donc, les 8 chaussettes :

C + D + F + G = 4S.
B + E = 2S + 500.
A + H = 2S + 1500.
Au total : 8S + 2000.

Donc 8S + 2000 = 6904 €, soit S = 613 €.

Réponse adaptée aux crises présidentielles – jeu p.85

Crise de mots

Niais, nickel, niche, nigaud, nihilisme.
Conflit, cocarde, constitution, commerce, compétence.
Ladre, laïque, lanterne, lapsus, lascar.

Réponse adaptée aux crises présidentielles – jeu p.86

Crise européenne

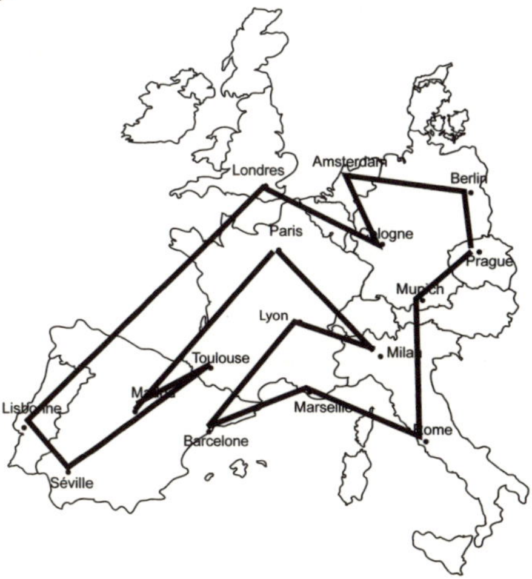

Réponse adaptée aux crises présidentielles – jeu p.88

Crise de vociférations

Vive N - N la vérité - N je t'aime - N démission - N champion - Non aux plans N - Super N - N loser ! 1000 Bravos N - À bas N.

Réponse adaptée aux crises présidentielles – jeu p.90

Crise de premier ministre

Le n°2. Le trio restreint sera formé soit de 1, 3 et 5, de 1, 4 et 7 ou encore de 5, 6 et 7. Le n°2 ne peut pas se combiner avec deux autres blonds, à lunettes et sans chapeau.

Réponse adaptée aux crises présidentielles – jeu p.92

Crise de bureaux

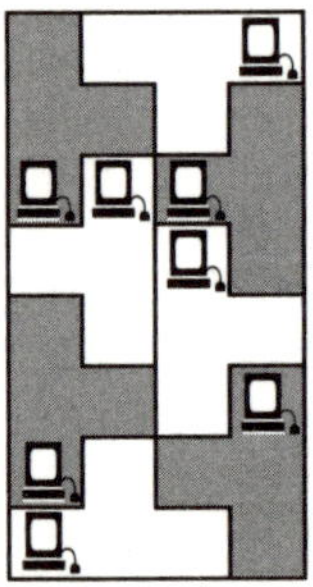

Réponse adaptée aux crises présidentielles – jeu p.93

Crise boursière

A : 3. Régulièrement : -5, +2, +2.

B : 10. Alternativement : -2 et × 2.

C : 4. Régulièrement : +1, +2, +3, -10.

D : 13. Colonnes noires : des valeurs qui augmentent de 2.

Colonnes grises : des valeurs qui décroissent de 1.

E : 2,66 (ou 2 et 2/3). Alternativement divisé par 3 et multiplié par 2.

Réponse adaptée aux crises présidentielles – jeu p.93

Crise de langue de bois

1H, 2B, 3O, 4C, 5E, 6D, 7G, 8M, 9J, 10L, 11K, 12P, 13A, 14I, 15N, 16F.

Réponse adaptée aux crises présidentielles – jeu p.96

Crise de série télé

A. N°1. Le profil tourne de 90° dans le sens contraire des aiguilles d'une montre.

B. N°3. À chaque étape, le profil tourne de 90° dans le sens des aiguilles d'une montre, puis est renversé pour regarder en sens inverse.

C. N°2. Série où la séquence profil droit - profil gauche - profil gauche se répète : ABB ABB ABB.

D. N°3. Série avec alternativement deux visages comme n°2 et deux visages comme n°3, avec un visage n°1 entre chaque paire : ABB ACC ABB ACC.

E. N°3. Série où chaque sorte de visage est répétée dans l'ordre : n°1, 2, 3.

Le premier étant répété la première fois, le second la seconde et le troisième la troisième fois : AABC ABBC ABCC.

F. N°1. Série où alternent un profil droit, 2 profils gauches, 3 profils droits, etc. Chaque groupe de profil étant séparé alternativement par une image de face et une image de dos.

Une collection dirigée par Hélène Raviart

70 jeux et des brouettes pour…

Patienter en cas de bourrage-papier à la photocopieuse

Briller aux toilettes

Ne plus s'endormir en train, en avion, en voiture, en side-car…

Bronzer intelligemment

Survivre à la rentrée

Supporter Noël en famille

Affronter la nouvelle année

Élever le niveau à l'apéro

et…

69 jeux et des brouettes japonaises

Direction éditoriale : Christophe Savouré
Conception graphique
et direction artistique : Isabelle Mayer
Contribution éditoriale : Valérie Monnet
Direction de création : Laurent Quellet
Mise en pages : Sylviane Savatier
Fabrication : Anne Floutier

© Groupe Fleurus, Paris, mai 2009
Dépôt légal : mai 2009
Imprimé en France par CPI-Hérissey à Évreux (Eure)
Photogravure : Alliage
ISBN : 978-2-215-10104-8
1re édition – n° P09050